77가지 퀴즈로 만나는 초등 교과서 개념 사전

풀고 싶은 퀴즈 알고 싶은 과학

글 박상현 그림 신동민

77가지 퀴즈로 만나는 초등 교과서 개념 사전
풀고 싶은 퀴즈 알고 싶은 과학

글 박상현　그림 신동민
1판 1쇄 2024년 11월 1일　**1판 2쇄** 2024년 11월 18일
펴낸곳 도서출판 키움 **펴낸이** 김준성
주소 경기도 파주시 회동길 325-16
등록 2003.6.10(제18-144호) **전화** 02-887-3271,2 **팩스** 031-941-3273
홈페이지 www.kwbook.com
ISBN 978-89-6274-598-6

ⓒ 2024 도서출판 키움
· 이 책에 실린 모든 글과 그림을 저작권자의 허락 없이 무단으로 복제, 복사, 배포하는 것은
　저작권자의 권리를 침해하는 것입니다.
· 파본은 구매하신 곳에서 교환하실 수 있습니다.

77가지 퀴즈로 만나는 초등 교과서 개념 사전

풀고 싶은 퀴즈 알고 싶은 과학

글 박상현 그림 신동민

작가의 말

우리는 과학을 왜 배워야 할까요?

새롭게 발견하는 즐거움

과학은 자연 현상과 사물에 호기심과 흥미를 느끼게 하고, 과학적 탐구 능력과 태도를 길러 주는 과목이에요. 이 과정에서 문제를 과학적이고 창의적으로 해결할 수 있는 과학적 소양을 기를 수 있답니다. 초등학교에서 과학 과목을 접하면 생소한 개념과 용어가 많이 나오고, 논리적 탐구 능력을 요구하기 때문에 처음에는 어렵고 지루한 과목이라고 생각하기 쉬워요. 이럴 땐 과학 개념을 단순히 암기하며 외우기보다 실생활과 연관 지어 이해한다면, 새롭게 발견하는 즐거움을 깨닫게 될 거예요.

우리 삶을 더 편리하게 누리는 데 꼭 필요한 학문

과학은 우리 삶과 아주 밀접해요. 과학의 발전으로 태풍이나 지진 같은 자연 재해도 극복하고, 첨단 기술의 편리함도 누리게 되었어요. 그래서 과학은 우리 삶을 더욱 편리하게 누리는 데 꼭 필요한 학문이지요. 과학을 배우면 자연 현상이나 일상생활의 문제를 창의적으로 해결할 수 있을 뿐 아니라 우리 주변의 자연 현상을 더 깊이 이해하고, 세상에 대한 호기심을 충족할 수 있답니다.

이 책은 과학 교과서의 내용을 쉽고 재미있게 전달하기 위해 세 가지 사항에 중점을 두었어요.

첫째, 과학 교과서에 나오는 핵심 주제를 4개의 영역으로 나누고, 유형이 비슷한 개념끼리 모았어요.

그래서 개념을 연결하기도 쉽고, 궁금한 개념은 바로바로 찾아볼 수 있어요.

둘째, 호기심을 자극하는 상식 퀴즈를 활용했어요.

퀴즈를 풀면서 아이들이 개념을 자연스럽게 이해하고 익힐 수 있어요.

셋째, 일상생활과 관련한 예시를 많이 들었어요.

과학은 우리 생활과 밀접하게 관련되어 있기에 일상에서 겪을 수 있는 익숙한 상황으로 예시를 들면 어려운 개념도 훨씬 이해하기 쉬워요.

이 책을 통해 우리 아이들이 과학에 호기심과 흥미를 갖고, 과학이 어렵고 지루하지 않고 재미있는 과목이라는 걸 꼭 알게 되기를 바랍니다.

2024년 11월
박상현

이 책의 활용법

초등학교 선생님이 뽑은 **교과서 개념 77가지**를 퀴즈로 즐겨 보자!

1 호기심 퀴즈

재미있는 만화풍의 그림을 곁들인 사지선다형 상식 퀴즈! 알 듯 말 듯 알쏭달쏭한 퀴즈를 풀다 보면 어느새 호기심이 팡팡 터지고 지식이 차곡차곡 쌓여요.

단원별 마무리 활동

단원이 끝나면 배운 내용을 정리해요. 맞으면 O, 틀리면 X를 선택하는 OX 퀴즈, 힌트를 보며 정답을 찾는 주관식 퀴즈를 풀면서 성취감을 느껴요.

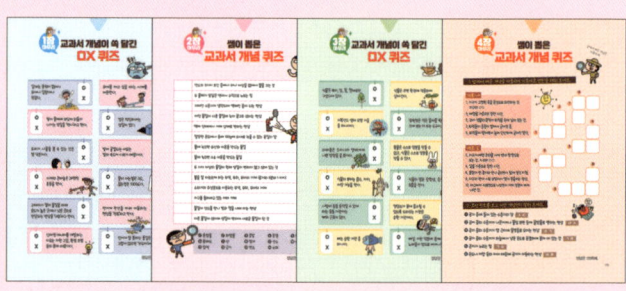

정답 ④ 높은 산은 지구 중심에서 멀리 떨어져 있기 때문에 산 아래보다 중력이 약해요. 높은 산에서 체중계로 금의 무게를 잰다면 금의 양은 같지만, 금의 무게가 줄어들어서 금의 가치가 떨어질 수 있습니다.

질량

중력에 영향을 받지 않는 물질 고유의 양

질량은 물질의 양을 뜻하는 말로, 물체 자체의 고유한 양을 가리켜요. 중력에 영향을 받지 않기 때문에 위치나 장소에 따라 바뀌지 않아요. 중력과 관련된 무게는 위치에 따라 변할 수 있지만, 물질 고유의 양인 질량은 변하지 않지요.

측정 단위도 달라요. 질량은 kg(킬로그램)이나 g(그램)을 쓰고, 무게는 N(뉴턴), kgf(킬로그램중)을 사용해요. 하지만 지구에서는 어디서나 중력의 크기가 비슷하기 때문에 질량과 무게를 명확하게 구분하지 않고 킬로그램을 사용하는 거랍니다.

그런데도 굳이 질량을 무게와 구분하려는 이유는 무엇일까요? 바로 외부 영향을 받지 않는 정확한 값을 구하기 위해서예요. 만약 금의 무게가 산 아래보다 중력이 약한 높은 산 위에서 쟀을 때 무게가 줄어든다면 어떨까요? 금의 양은 변화가 없어도 금의 가치는 떨어질 거예요. 그래서 금의 고유한 양을 알기 위해서는 무게가 아니라 질량을 재야 한답니다.

2 명쾌한 해설

앞에 나온 상식 퀴즈의 정답을 간결한 설명으로 명쾌하게 풀어 이해가 쏙쏙!

3 한 줄 정리

핵심 내용을 한 줄로 정리해 상세한 내용을 읽지 않아도 77가지 교과서 개념이 잡혀요.

4 개념 설명

퀴즈로 연결한 교과서 개념을 조금 더 풀어서 설명해요. 교과서에서 다루는 내용보다 깊이 있는 정보를 배워요.

우오옷! 퀴즈로 잡는 교과서 개념 이라니~!

궁금한 건? 찾아보기

앞에서 배운 교과서 개념과 관련 용어를 가나다순으로 정리해 사전처럼 찾아보기 좋아요.

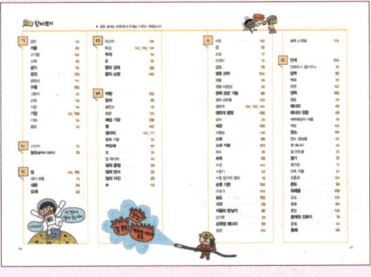

 차례

- 작가의 말 4
- 이 책의 활용법 6

1장 교과서 속 에너지 이야기

1. 달에 도착한 진수가 **몸무게**를 재고 깜짝 놀란 이유는? 무게 ······ 13
2. 높은 산 위에서 **금의 양**을 재려고 체중계를 쓰지 않는 이유는? 질량 ······ 15
3. **무게를 제대로 재는** 방법을 모두 고르면? 저울 ······ 17
4. **그림자**는 왜 생길까? 빛의 직진 ······ 19
5. 엘리베이터 안에 **거울**을 설치한 이유가 아닌 것은? 빛의 반사 ······ 21
6. 쇠숟가락의 **오목한 부분**에 얼굴을 비추면 어떻게 보일까? 거울 ······ 23
7. **어두운 밤**에 앞이 잘 보이지 않는 이유는? 시각 ······ 25
8. 사막에 **신기루**가 보이는 이유는? 빛의 굴절 ······ 27
9. 목욕탕에서 **물**이 얼마나 **뜨거운지** 가장 정확히 아는 방법은? 온도 ······ 29
10. 냄비 **손잡이**가 고무로 된 이유는? 전도 ······ 31
11. 욕조의 물이 뜨거워 **찬물**을 섞으려고 할 때, 가장 빨리 섞는 방법은? 대류 ······ 33
12. **과학적 운동**을 하는 사람은? 운동 ······ 35
13. 왜 **천둥소리**는 번개가 친 다음에야 들릴까? 물체의 빠르기 ······ 37
14. 전깃줄에 앉은 새가 **감전**되지 않는 이유는? 전류 ······ 39
15. **전기**가 가장 **잘 통하는** 물체는? 도체와 부도체 ······ 41
16. 못으로 **자석**을 만들려면 어떻게 해야 할까? 전자석 ······ 43
17. 축구공을 차면 앞으로 **굴러가는** 이유는? 에너지 ······ 45
18. 발전소에서 **전기**를 생산할 때 이용하는 에너지가 아닌 것은? 에너지 전환 ······ 47
19. 화석 연료를 대신할 새로운 **에너지원**을 개발하는 이유가 아닌 것은? 신재생 에너지 ······ 49

교과서 개념이 쏙 담긴 OX 퀴즈 51

2장 교과서 속 물질 이야기

- ㉠ **혼합물**이 아닌 것은? 혼합물과 화합물 53
- ㉑ **설탕**은 자연에서 어떻게 얻을까? 혼합물의 분리 55
- ㉒ **빈칸**에 **들어갈 말**은 무엇일까? 물의 상태 57
- ㉓ **증발** 상황이 아닌 것은? 증발 59
- ㉔ **사막**에 사는 사막딱정벌레가 **물**을 얻는 방법은? 응결 61
- ㉕ 설탕물은 **용액**인데, **흙탕물**은 용액이 아닌 이유는? 용해 63
- ㉖ 물 100g에 **소금**과 **설탕**을 각각 녹인다면, 어느 것이 더 많이 녹을까? 용해도 65
- ㉗ 코코아 가루가 **찬 우유**보다 **따뜻한** 우유에서 더 잘 녹는 이유는? 온도에 따른 용해도 67
- ㉘ **맹물**과 **소금물**이 담긴 컵이 있을 때, 마시지 않고 소금물을 찾는 방법은? 용액의 진하기 69
- ㉙ **달걀 껍데기**를 녹일 수 있는 물질은? 산과 염기 71
- ㉚ **공기** 속에 가장 **많이** 섞여 있는 기체는? 공기 73
- ㉛ '**불난 집**에 **부채질한다**'는 속담처럼 왜 불에 바람을 불어 넣을까? 산소 75
- ㉜ **톡 쏘는** 맛의 **콜라**에는 왜 공기 방울이 생길까? 이산화 탄소 77
- ㉝ 찌그러진 **탁구공**을 다시 펴는 방법은? 온도에 따른 기체의 부피 79
- ㉞ **헬륨 풍선**이 하늘로 올라가면 어떻게 될까? 압력 81
- ㉟ **가을**이 되면 **산불**이 자주 발생하는 이유가 아닌 것은? 연소 83
- ㊱ **모닥불**을 끌 때 하면 안 되는 행동은? 소화 85

쌤이 뽑은 교과서 개념 퀴즈 87

3장 교과서 속 생물과 환경 이야기

- ③⑦ 씨앗에서 **싹**을 틔우는 데 꼭 필요한 조건이 아닌 것은? 발아 ······ 89
- ③⑧ **한해살이 식물**의 뜻은? 식물의 한살이 ······ 91
- ③⑨ 지구에서 가장 추운 **남극**에서도 살 수 있는 생명체는? 식물이 사는 환경 ······ 93
- ④⓪ **식물의 기능**을 본떠 만든 기술이 아닌 것은? 생체 모방 기술 ······ 95
- ④① 급식으로 나온 반찬 중에 **채소**가 아닌 것은? 생물의 분류 ······ 97
- ④② **세균**이 하는 일이 아닌 것은? 세균 ······ 99
- ④③ 과학자들은 **세균**처럼 작은 물체를 **관찰**할 때 어떻게 할까? 현미경 ······ 101
- ④④ **똥**으로 만들 수 있는 것은? 생명 과학 ······ 103
- ④⑤ **모기**가 **멸종**되면 일어날 수 있는 일이 아닌 것은? 생태계 평형 ······ 105
- ④⑥ 사람들이 **외래종**을 퇴치하려는 이유는? 외래종 ······ 107
- ④⑦ **동물**과 **식물**에 대한 설명으로 바른 것은? 동물과 식물의 차이점 ······ 109
- ④⑧ 식물은 왜 **열매**를 만들까? 식물의 구조와 기능 ······ 111
- ④⑨ 사람은 입으로 물을 마시는데 **식물**은 어떻게 **물**을 마실까? 식물의 뿌리 ······ 113
- ⑤⓪ **식물의 잎**이 하는 일이 아닌 것은? 식물의 잎 ······ 115
- ⑤① 우리 몸의 **70%**가 **물**이라는데, 왜 물처럼 흐르지 않을까? 운동 기관 ······ 117
- ⑤② **사람**은 왜 **물고기**처럼 물속에서 숨 쉴 수 없을까? 호흡 기관 ······ 119
- ⑤③ **방귀**는 왜 나올까? 소화 기관 ······ 121
- ⑤④ **심장**이 가장 빨리 뛰는 경우는? 순환 기관 ······ 123
- ⑤⑤ 우리 몸의 **노폐물**이 아닌 것은? 배설 기관 ······ 125

교과서 개념이 쏙 담긴 OX 퀴즈 127

4장 교과서 속 지구와 우주 이야기

- 56 바닷가 절벽에는 왜 **줄무늬**가 있을까? 지층 ········· 129
- 57 **모래**가 **돌**이 되기도 하는데, 어떻게 모래가 돌이 될까? 퇴적암 ········· 131
- 58 **화석**으로 알 수 없는 것은? 화석 ········· 133
- 59 **우리나라의 화산**은? 화산 ········· 135
- 60 일본에 **지진**이 자주 발생하는 이유는? 지진 ········· 137
- 61 매년 엄청난 **비**가 쏟아지는데도 지구가 **물**에 잠기지 않는 이유는? 물의 순환 ········· 139
- 62 밤하늘에 **별**이 반짝반짝 빛나는 이유는? 별 ········· 141
- 63 갑자기 **태양**이 **사라진다면** 어떤 문제가 생길까? 태양 ········· 143
- 64 태양 **주위**를 도는 **행성**이 아닌 것은? 태양계 ········· 145
- 65 **태양계**에서 가장 큰 행성은? 행성 ········· 147
- 66 **태양**까지 차를 타고 간다면 얼마나 걸릴까? 태양과 행성의 거리 ········· 149
- 67 겨울에 **입술**이 쉽게 트는 이유는? 습도 ········· 151
- 68 **안개**와 **이슬**이 주로 아침에 잘 보이는 이유는? 이슬과 안개 ········· 153
- 69 흐린 날에는 **구름**이 왜 짙은 **회색**으로 보일까? 구름 ········· 155
- 70 **빨대**로 음료를 마시는 원리는? 기압 ········· 157
- 71 여름밤 바닷가 **모래밭**이 **바다**보다 시원한 이유는? 지면과 수면의 온도 변화 ········· 159
- 72 도시보다 바닷가에 **바람**이 많이 부는 이유는? 바람 ········· 161
- 73 왜 매일 **낮**과 **밤**이 생길까? 지구의 자전 ········· 163
- 74 **달**은 왜 **모양**이 계속 바뀔까? 달 ········· 165
- 75 설날은 **한 해**를 시작하는 **첫날**인데, 왜 양력설과 음력설로 나눌까? 양력과 음력 ········· 167
- 76 왜 **1년**은 **365일**일까? 지구의 공전 ········· 169
- 77 봄에 태어난 진수의 생일 **별자리**를 볼 수 없는 계절은? 계절에 따른 별자리 ········· 171

쌤이 뽑은 교과서 개념 퀴즈 173

- 마무리 활동 정답 174
- 찾아보기 176

1장
교과서 속 에너지 이야기

우리가 일상생활을 하는 데 없어서는 안 될 에너지!
에너지는 열에너지, 위치 에너지, 운동 에너지 등 다양한 형태로 존재해요.
우리 주변 곳곳에 존재하는 다양한 에너지에 대해 알아보아요.

무게 | 질량 | 저울 | 빛의 직진 | 빛의 반사 | 거울 | 시각 | 빛의 굴절 | 온도 | 전도 | 대류
운동 | 물체의 빠르기 | 전류 | 도체와 부도체 | 전자석 | 에너지 | 에너지 전환 | 신재생 에너지

01 퀴즈 난이도 ★★☆
과학 기초 개념 잡기

달에 도착한 진수가 **몸무게**를 재고 깜짝 놀란 이유는?

1 몸무게가 너무 많이 나와서

2 몸무게가 0으로 나와서

3 몸무게가 너무 적게 나와서

4 갑자기 숫자 읽는 법을 까먹어서

정답 ❸ 진수는 몸무게가 지구에서 측정한 무게보다 적게 나와서 놀랐어요. 달은 지구보다 중력이 작아서 몸무게도 지구보다 적게 나온답니다.

무게

지구와 물체가 서로 끌어당기는 힘(중력)의 크기

우리 눈에는 보이지 않지만, 모든 물체는 서로 끌어당기고 있어요. 지구 위에 있는 물체가 우주 밖으로 나가지 않고 지표면에 있는 건 지구가 물체를 끌어당기고 있기 때문이지요.
지구가 물체를 끌어당기는 힘(중력)의 크기를 무게라고 해요. 우리가 체중계에 올라가면 36kg, 40kg처럼 표시되는데, 몸무게는 바로 지구가 우리 몸을 끌어당기는 힘의 크기를 나타낸답니다.
하지만 무게는 측정하는 장소에 따라 달라질 수 있어요. 물체를 끌어당기는 힘이 지구의 6분의 1밖에 되지 않는 달에서는 몸무게도 줄어들기 때문에 지구에서 60kg이었던 성인이 달에 가면 몸무게가 10kg으로 확 줄어들거든요. 우주비행사가 우주선에서 둥둥실 떠다니는 이유도 우주에는 중력이 없기 때문이에요. 물체를 끌어당기는 힘이 없으니 무게가 0이 되어, 우주비행사가 자유롭게 우주선 안을 떠다니는 거랍니다.

02 퀴즈 난이도 ★☆☆
과학기초개념잡기

높은 산 위에서 **금의 양**을 재려고 체중계를 쓰지 않는 이유는?

1 체중계 속 금속이 고장 나서

2 체중계는 금의 양을 알 수 없어서

3 금이 너무 무거워서

4 금이 너무 가벼워서

정답 ❹ 높은 산은 지구 중심에서 멀리 떨어져 있기 때문에 산 아래보다 중력이 약해요. 높은 산에서 체중계로 금의 무게를 잰다면 금의 양은 같지만, 금의 무게가 줄어들어서 금의 가치가 떨어질 수 있답니다.

질량

중력에 영향을 받지 않는, 물질 고유의 양

질량은 물질의 양을 뜻하는 말로, 물체 자체의 고유한 양을 가리켜요. 중력에 영향을 받지 않기 때문에 위치나 장소에 따라 바뀌지 않아요. 중력과 관련된 무게는 위치에 따라 변할 수 있지만, 물질 고유의 양인 질량은 변하지 않지요.

측정 단위도 달라요. 질량은 kg(킬로그램)이나 g(그램)을 쓰고, 무게는 N(뉴턴), kgf(킬로그램중)을 사용해요. 하지만 지구에서는 어디서나 중력의 크기가 비슷하기 때문에 질량과 무게를 명확하게 구분하지 않고 kg이나 g을 사용하는 거랍니다.

그런데도 굳이 질량을 무게와 구분하는 이유는 무엇일까요? 바로 외부 영향 없이 정확한 값을 구하기 위해서예요. 만약 산 아래보다 상대적으로 중력이 약한 높은 산 위에서 금을 잰다면 어떻게 될까요? 금의 무게가 실제보다 가볍게 측정되어 금이 가진 가치가 떨어질 거예요. 그래서 금의 고유한 양을 알기 위해서는 무게가 아닌 질량을 재야 한답니다.

03 퀴즈

난이도 ★☆☆

과학 기초 개념 잡기

무게를 제대로 재는 방법을 모두 고르면?

1. 눈대중으로 어림한다.

2. 양팔 저울에 올려 잰다.

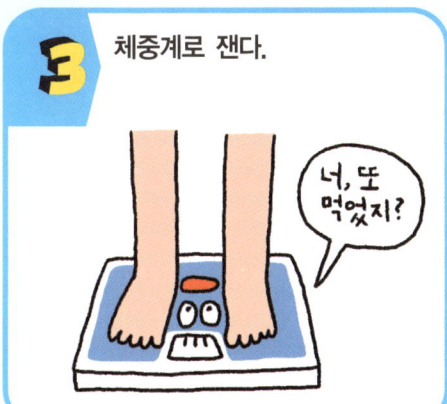

3. 체중계로 잰다.

4. 자를 대고 잰다.

정답 ❷, ❸ 자는 길이를 재는 도구라서 무게를 잴 때는 사용하지 않아요. 눈대중으로 어림하면 대충 짐작하기 때문에 무게를 정확히 알 수 없지요. 무게를 잴 때는 보통 저울을 사용한답니다.

저울

무게를 측정할 때 사용하는 도구

물체의 무게나 부피, 길이 등을 정확히 알기 위해서 도구를 사용해 재는 것을 '측정'이라고 하는데, 무게를 측정할 때 사용하는 도구가 바로 저울이에요. 물체의 종류와 측정 방법에 따라 용수철저울과 양팔 저울로 나누어 사용해요.

용수철저울은 용수철의 성질을 이용해 만든 저울이에요. 철사를 나선 모양으로 감아서 만든 용수철은 탄성력이 좋아서, 당기면 늘어났다가 놓으면 다시 원래대로 되돌아오는 성질이 있어요. 용수철저울은 용수철 아랫부분에 물체를 매달아 용수철이 정지했을 때 용수철이 늘어나는 정도를 측정해서 무게를 재지요. 물체의 무게가 무거울수록 용수철이 더 많이 늘어난답니다. 체중계가 용수철의 원리를 이용한 거예요.

용수철저울

양팔 저울은 수평 잡기의 원리를 이용해 만든 저울이에요. 한쪽 접시에는 측정하려는 물체를 올려놓고, 다른 쪽에는 분동(추)을 올려 수평을 잡으면서 무게를 비교해요. 시소가 양팔 저울의 원리를 이용한 놀이기구랍니다.

양팔 저울

그림자는 왜 생길까?

1 빛이 물체에 가로막혀서

2 빛이 모자라서

3 그 부분은 빛이 싫어해서

4 반대편 빛이 막아서

정답 ❶ 물체 뒤에 보이는 그림자는 빛과 관련이 깊어요. 곧게 나아가던 빛이 물체에 가로막혀 지나가지 못하면 물체 뒤에만 빛이 가지 못해서 그림자가 생긴답니다.

빛의 직진

곧을 직 · 나아갈 진

빛이 공기 중에서 곧게 나아가는 성질

빛이 없으면 우리는 아무것도 볼 수 없어요. 우리가 물체를 볼 수 있는 건 빛 덕분이에요. 낮에는 햇빛이 빛의 역할을 하고, 밤에는 인공적으로 빛을 내는 전구가 주변을 밝게 비추지요.

빛이 공기 중에서 빠른 속도로 곧게 나아가는 성질을 빛의 직진이라고 해요. 빛이 앞으로 나아가다가 물체에 막히면 물체의 뒤쪽에 빛이 지나가지 못해 어두워지면서 그림자가 생기는데, 그림자는 빛이 직진하기 때문에 생기는 현상이에요. 그림자가 내 뒤를 졸졸 따라다니는 이유도 빛이 나에게 가로막혀 지나가지 못하기 때문이랍니다.

그런데 빛이 많은 낮에는 내 그림자가 잘 보이지 않아요. 낮에는 햇빛이 사방에서 비추기 때문이에요. 밤에 비추는 전등은 한쪽에서만 비추기 때문에 뒤쪽에 그림자가 생기지만, 햇빛은 사방에서 비추기 때문에 그림자가 생겨도 다른 방향에서 받는 햇빛에 덮여 잘 보이지 않는답니다.

05 퀴즈 난이도 ★☆☆
과학 기초 개념 잡기

엘리베이터 안에 거울을 설치한 이유가 아닌 것은?

1 거울 가격이 싸서

2 내부가 넓어 보이게 하려고

3 지루하거나 불안하지 말라고

4 휠체어를 탄 장애인의 시야를 확보하려고

정답 ❶ 엘리베이터 벽면에 거울을 설치하면 좁은 공간이 넓어 보일 뿐 아니라, 막힌 공간에서 느끼는 막연한 불안감과 지루함을 덜 수 있어요. 또, 휠체어를 탄 장애인이 거울을 통해 출입문의 개폐 여부를 확인할 수 있지요.

빛의 반사

돌이킬 반 / 쏠 사

직진하던 빛이 물체에 부딪쳐 방향을 바꾸어 되돌아 나가는 성질

직진하던 빛이 물체에 부딪치면 방향을 바꾸어 되돌아 나가는 현상을 빛의 반사라고 해요. 우리가 거울에 비친 모습을 볼 수 있는 것은 빛이 거울에 반사되어 우리 눈으로 들어오기 때문이에요.

거울은 매끈한 유리로 되어 있어요. 그래서 직진하던 빛이 거울을 만나면 거울의 매끄러운 표면이 빛을 일정한 방향으로 반사해, 우리에게 거울에 비친 물체의 모습을 보여 주지요.

거울과 같이 평평하고 매끄러운 곳에서 일어나는 빛의 반사를 정반사라고 해요. 울퉁불퉁하고 매끄럽지 않은 곳에 부딪힌 빛이 이리저리 반사되는 것은 난반사라고 하지요. 정반사와 난반사를 쉽게 확인할 수 있는 곳이 물이에요. 잔잔한 물은 표면이 매끄러워서 정반사가 일어나 사물이 또렷하게 보이지만, 출렁이는 물은 매끄럽지 않아서 난반사가 일어나 사물이 또렷하게 보이지 않는답니다.

〈잔잔한 물에서 일어나는 정반사〉

〈출렁이는 물에서 일어나는 난반사〉

쇠숟가락의 **오목한 부분**에 얼굴을 비추면 어떻게 보일까?

1 똑바로 보인다.

2 거꾸로 보인다.

3 오른쪽으로 휘어서 보인다.

4 왼쪽으로 휘어서 보인다.

정답 ❷ 빛이 숟가락의 오목한 면에 닿아 반사되면, 빛이 한곳으로 모였다가 다시 넓게 퍼지면서 물체의 상이 거꾸로 보인답니다.(다만, 숟가락의 오목한 부분에 아주 가까이 가면 다시 똑바로 보여요.)

거울

물체를 비춰 볼 수 있는 도구

거울은 빛의 반사를 이용한 도구로 물체를 비춰 볼 수 있는 도구예요. 우리가 일반적으로 사용하는 거울은 거울 면이 평평한 평면거울이지만, 오목 거울과 볼록 거울처럼 거울 면의 모양이 평평하지 않은 거울도 있어요. 오목 거울은 가운데가 오목하게 들어간 모양 때문에 빛이 안쪽으로 모여요. 이때 빛이 모이는 곳을 초점이라고 하는데, 초점 안쪽에 있는 가까운 대상은 크게 보이고, 초점 바깥쪽에 있는 먼 대상은 거꾸로 보이지요. 오목 거울은 치과용 거울, 자동차 전조등처럼 빛을 모아 사물을 크게 볼 때 사용한답니다.

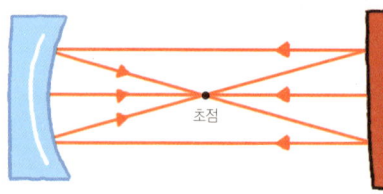
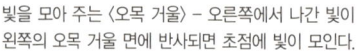
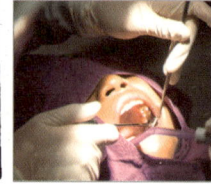
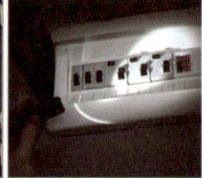

빛을 모아 주는 〈오목 거울〉 - 오른쪽에서 나간 빛이 왼쪽의 오목 거울 면에 반사되면 초점에 빛이 모인다.

〈오목 거울의 사용〉

볼록 거울은 가운데가 볼록하게 튀어나온 거울로, 빛이 바깥쪽으로 퍼져서 더 넓은 곳까지 볼 수 있어요. 그래서 볼록 거울은 자동차의 측면 거울이나 구부러진 도로의 안전 거울처럼 넓은 곳을 볼 때 사용한답니다.

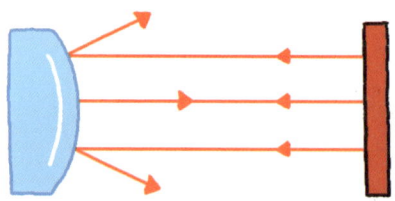

빛을 퍼뜨리는 〈볼록 거울〉 - 오른쪽에서 나간 빛이 왼쪽의 볼록 거울 면에 반사되면 빛이 퍼진다.

〈볼록 거울의 사용〉

07 퀴즈
과학 기초 개념 잡기
난이도 ★☆☆

어두운 밤에 앞이 잘 보이지 않는 이유는?

1 빛이 많이 없어서

2 빨리 잠자게 하려고

3 길눈이 어두워서

4 밤에는 눈이 작아져서

정답 ① 밤이라도 전등 주변같이 밝은 곳은 눈으로 들어오는 빛이 많아 대상을 잘 볼 수 있지만, 빛이 거의 없는 밤에는 눈으로 들어오는 빛이 적어서 대상을 잘 볼 수 없답니다.

깨달을 **각**

볼 **시**

빛이 우리 눈으로 들어와 보고 느끼는 감각

다섯 가지 감각인 시각, 청각, 촉각, 미각, 후각을 묶어서 오감이라고 해요. 이 중에서 시각은 눈으로 받아들이는 감각이에요. 눈은 빛을 받아들여서 뇌에 전달하는 역할을 한답니다.

우리가 물체를 볼 수 있는 것은 물체에 반사된 빛이 눈으로 들어오기 때문이에요. 햇빛이 많은 낮이나 전등 주변같이 밝은 곳에서는 반사되는 빛이 눈으로 많이 들어와 대상을 잘 볼 수 있고, 빛이 거의 없는 밤이나 전등이 꺼진 어두운 방 안에서는 눈으로 들어오는 빛이 그만큼 적어서 대상을 잘 볼 수 없지요. 그래서 1년 내내 깜깜한 동굴 속이나 깊은 바다에 사는 심해 생물은 빛을 받아들일 눈이 필요 없다 보니 퇴화되어 눈이 없는 경우도 많아요.

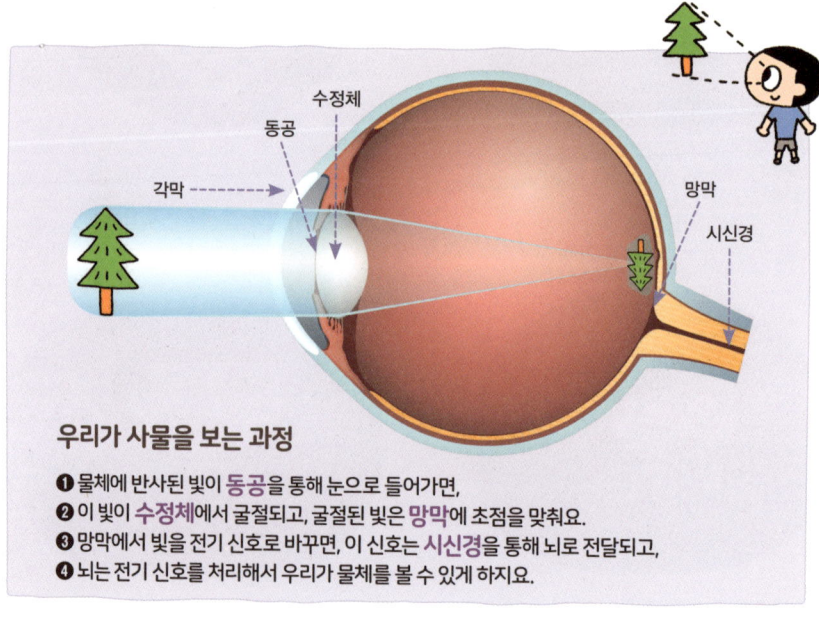

우리가 사물을 보는 과정
❶ 물체에 반사된 빛이 **동공**을 통해 눈으로 들어가면,
❷ 이 빛이 **수정체**에서 굴절되고, 굴절된 빛은 **망막**에 초점을 맞춰요.
❸ 망막에서 빛을 전기 신호로 바꾸면, 이 신호는 **시신경**을 통해 뇌로 전달되고,
❹ 뇌는 전기 신호를 처리해서 우리가 물체를 볼 수 있게 하지요.

사막에 신기루가 보이는 이유는?

*신기루 : 실제로는 없는데 있는 것처럼 보이는 현상.

 1 바람이 굴절해서

 2 안개가 굴절해서

 3 빛이 굴절해서

 4 공기가 굴절해서

정답 ❸ 사막은 지표면(땅) 근처와 위쪽의 기온 차이가 커요. 바닥 쪽 뜨거운 공기와 위쪽의 차가운 공기가 만나는 부분은 대기층이 불안정하지요. 이런 불안정한 대기층에서 빛이 꺾이면서 원래 위치와 다른 엉뚱한 곳에 대상이 보입니다.

빛의 굴절

굽힐 굴 / 꺾을 절

빛이 곧게 나아가다가 다른 물질을 만나 꺾이는 현상

빛이 곧게 나아가다가 다른 물질을 만나 꺾이는 현상을 빛의 굴절이라고 해요. 빛의 굴절은 빛의 속도가 항상 같지 않고, 통과하는 물질에 따라 다르기 때문에 일어나지요.

빛은 진공 상태일 때 초속 약 30만 킬로미터로 가장 빠르지만, 공기나 물을 통과할 때는 속도가 느려져요. 컵 속에 든 빨대가 꺾인 것도 아닌데 컵의 수면을 지나면서 꺾여 보인다거나, 수영장 물속에 들어가면 다리가 짧고 굵어 보이는 이유는 모두 빛의 굴절 때문이랍니다.

사막의 신기루 역시 빛의 굴절 때문에 발생하는 현상이에요. 사막에서는 바닥에서 올라오는 열기 때문에 지표면 근처의 공기가 뜨거워요. 그래서 지표면보다 높은 곳에 있는 공기와 성질이 달라져요. 성질이 달라지다 보니 이를 통과하는 빛 역시 우리 눈에 다르게 보이지요. 신기루는 햇빛이 지표면 근처에 형성된 더운 공기층을 지나면서 굴절되어 나타나는 것으로 하늘이 땅바닥에 비쳐 마치 물이 고여 있는 것처럼 보이는 거예요.

09 퀴즈 난이도 ★☆☆
과학 기초 개념 잡기

목욕탕에서 물이 얼마나 뜨거운지 가장 정확히 아는 방법은?

1 부모님께 여쭤본다.

"난 어리니까 아빠 먼저!"

2 온도계의 숫자를 확인한다.

"음... 뜨겁겠군."

3 직접 들어가 본다.

"조심, 조심"

4 친구랑 가위바위보 해서 진 사람이 들어간다.

"가위 바위 보!"

정답 ❷ 물이 뜨거운지 아닌지는 직접 만져 보면 가장 쉽게 알 수 있지만 사람마다 느끼는 정도가 달라서 정확히 어느 정도 뜨거운지는 알 수 없어요. 이럴 땐 온도계를 사용하면 금세 알 수 있답니다.

온도

물체의 차고 뜨거운 정도를 수량으로 나타낸 것

온도는 물체의 차고 뜨거운 정도를 수량으로 나타낸 것이에요. 차갑고 뜨거운 정도를 온도로 나타내는 이유는 사람마다 느끼는 정도가 다르기 때문이에요. 누군가에게는 괜찮은 온도가 다른 누군가에게는 살이 벌겋게 달아오를 정도로 뜨겁다고 여기니까요. 그래서 온도에 대해 기준을 정했답니다.

우리나라에서는 온도를 나타낼 때, 섭씨(℃)를 사용해요. 섭씨는 물을 기준으로 정한 단위예요. 물이 어는점을 0으로 하고, 끓는점을 100으로 정해서 그 사이를 100 등분한 단위랍니다. 한 칸을 '1도'라고 읽어요.

그렇다면 왜 알파벳 C를 사용할까요? 그 이유는 섭씨 단위를 처음 사용한 사람이 스웨덴의 과학자 안데르스 셀시우스(1701~1744)이기 때문이에요. 셀시우스의 이름을 따서 섭씨를 영어로 'Celsius(셀시우스)'라고 하고, 단위 역시 첫 글자인 C를 사용하지요.

냄비 손잡이가 고무로 된 이유는?

1 예쁜 색으로 꾸미기 위해서

2 뜨거운 냄비를 안전하게 잡기 위해서

3 말랑한 촉감이 좋아서

4 가격이 싸서

정답 ❷ 찌개, 라면 등 음식을 조리할 때 사용하는 냄비는 금속으로 되어 있어요. 냄비 속 재료가 끓으면 냄비가 뜨거워서 맨손으로 잡았다가는 손을 델 수 있지요. 그래서 냄비 손잡이는 쉽게 뜨거워지지 않는 고무로 만든답니다.

전도

고체에서 열이 물질을 따라 온도가 높은 곳에서 낮은 곳으로 전달되는 현상

주로 고체에서 열이 물질을 따라 온도가 높은 곳에서 낮은 곳으로 전달되는 현상을 전도라고 해요. 이때 열이 전달되는 속도를 열전도율이라고 하는데, 열전도율은 물질마다 달라요.

열전도율이 높으면 열이 쉽게 전달되어 금방 뜨거워지고 차가워지지만, 열전도율이 낮으면 금방 뜨거워지지도 않고, 차가워지지도 않아요. 철, 구리 등 금속으로 된 물체는 열전도율이 높고, 고무, 나무 등은 열전도율이 낮아서, 물건을 만들 때는 열전도율을 생각해서 제작하지요.

냄비는 속에 든 내용물이 빨리 끓게 하려고 대부분 열전도율이 높은 금속으로 만들어요. 냄비가 뜨거워지면 맨손으로 잡을 수 없으니, 손잡이는 열전도율이 낮은 고무로 만든답니다.

욕조의 물이 뜨거워 **찬물**을 섞으려고 할 때, 가장 빨리 섞는 방법은?

1 물 위에서 찬물을 튼다.

2 물 아래쪽에서 찬물을 튼다.

3 물 중간 깊이에서 찬물을 튼다.

4 뜨거운 물을 부채질하며 찬물을 조금씩 섞는다.

정답 ❶ 물은 순환하면서 섞여요. 뜨거운 물은 위로 올라가고, 차가운 물은 아래로 내려가면서 물이 섞이는 거예요. 그래서 위에서 찬물을 뿌려 주면 물이 순환하는 방향과 맞아서 더 빨리 물을 섞을 수 있답니다.

대류

액체나 기체가 움직여 열을 전달하는 현상

대류란 액체나 기체가 아래위로 움직이며 열을 전달하는 현상이에요. 온도가 높은 것은 위로, 온도가 낮은 것은 아래로 움직이지요.

모든 물질은 눈에 보이지 않는 작은 알갱이들로 이루어져 있어요. 특히 액체와 기체는 고체와 달리, 그 속에 있던 알갱이들이 움직일 수 있는데, 온도가 올라가면 운동이 활발하고 가벼워져 위로 올라가요. 그러면서 위에 있던 차갑고 무거운 알갱이들을 아래로 밀어내지요. 온도가 높은 것은 올라가고, 낮은 것은 내려가면서 순환해 온도를 일정하게 맞추는 거예요.

뜨거운 욕조 물을 빨리 식히려면 위에서 찬물을 뿌려 주어야 해요. 그래야 뜨거운 물은 가벼워서 위쪽으로 올라가고, 차가운 물은 아래로 내려가면서 물이 섞일 수 있어요. 에어컨의 송풍구가 위쪽에 있는 이유도 대류 현상을 이용한 거예요. 위쪽에서 차가운 공기를 내보내어 아래쪽의 더운 공기를 밀어내기 때문에 공기가 순환하면서 점점 방 안 전체를 시원하게 만들어 준답니다.

과학적 운동을 하는 사람은?

1 거울 앞에 서서 아령을 들고 있는 형

2 요가 매트에 앉아서 스트레칭 중인 누나

3 소파에 누워서 자전거 운동을 하는 엄마

4 돌아다니면서 거실을 청소 중인 아빠

정답 ❹ 과학에서 말하는 운동은 시간에 따라 위치가 변하는 것을 뜻해요. 자리에 가만히 있는 것은 과학적 운동이라 할 수 없습니다.

운동
시간이 지남에 따라 물체의 위치가 변하는 것

흔히 운동이라고 하면 스포츠, 요가, 헬스 등 건강을 위해 몸을 움직이는 것을 말해요. 하지만 과학에서 운동이란 시간이 지남에 따라 물체의 위치가 변하는 것을 뜻해요.

제자리에 서 있는 형, 소파에 누워 있는 엄마, 매트에 앉아 있는 누나는 시간이 지나도 위치가 변하지 않아요. 자리에 가만히 있기 때문에 과학적으로는 운동을 하고 있지 않는 거예요. 청소기를 돌리며 이리저리 돌아다니는 아빠만이 시간에 따라 위치가 계속 변해서 운동하고 있다고 할 수 있지요. 움직이는 사람과 동물 외에도 운행 중인 기차, 자동차 등도 모두 운동한다고 할 수 있답니다.

물체의 운동은 물체가 이동하는 데 걸린 시간과 이동 거리로 나타내요. 그래서 '자전거를 타고 1초 동안 2m를 이동했다'와 같이 물체가 일정 거리를 이동하는 데 걸린 시간으로 나타낼 수 있답니다.

왜 천둥소리는 번개가 친 다음에야 들릴까?

1 빛이 소리보다 빨라서

2 소리가 빛보다 빨라서

3 사람들이 놀랄까 봐

4 눈이 귀보다 반응이 빨라서

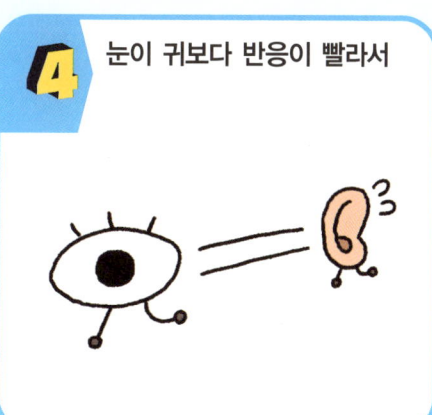

정답 ❶ 빛이 소리보다 빠르기 때문이에요. 빛은 1초에 약 30만km를, 소리는 1초에 약 340m를 이동해요. 그래서 번개가 먼저 보이고, 그다음에 천둥소리가 들린답니다.

물체의 빠르기

물체의 빠른 정도

물체마다 서로 다른 빠르기를 나타내기 위해서 속력과 속도를 사용해요. 흔히 속력과 속도를 같은 의미로 사용하지만, 사실은 속력과 속도는 다르답니다. 속력은 물체가 일정 시간 동안 이동한 거리를 나타낸 것으로, 물체의 빠른 정도만 나타내요. 하지만 속도는 시간에 따른 물체의 위치 변화를 나타낸 것으로, 물체의 빠른 정도와 이동 방향도 함께 나타내지요.

예를 들어 100m 떨어진 거리에 있는 나무까지 갔다가 원래 자리로 돌아오는 데 걸린 시간이 20초라고 했을 때, 속력은 이동 거리에서 시간을 나누어 구하면 되므로, 1초당 5m를 이동했다고 할 수 있어요. 하지만 속도는 달라요. 물체의 위치 변화에서 시간을 나누어 주어야 하는데, 원래 위치로 돌아왔으니 위치 변화는 0. 따라서 속도는 0이지요.

빠르기의 단위로는 1초(s)당 이동한 거리(m)를 나타낸 m/s, 1시간(h)당 이동한 거리(km)로 나타낸 km/h를 많이 사용해요. 단위를 사용하여 빠르기를 나타내면 대상의 빠르기를 직접 보지 않고도 빠르기를 짐작하거나 두 대상의 빠르기를 비교할 수 있어서 편리하답니다.

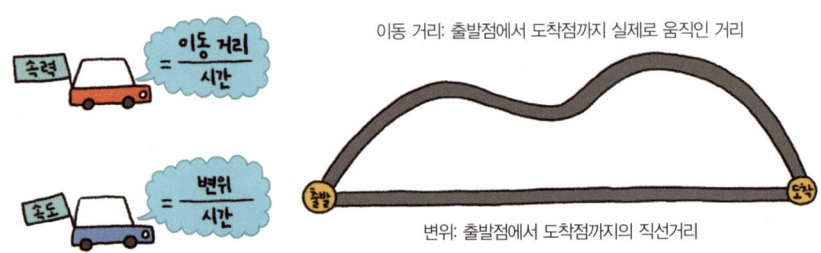

이동 거리: 출발점에서 도착점까지 실제로 움직인 거리

변위: 출발점에서 도착점까지의 직선거리

속력이 같아도 방향이 다르면 속도가 달라진다.

전깃줄에 앉은 새가 **감전**되지 않는 이유는?

1 전깃줄이 금속이라서

2 한쪽 전깃줄에만 앉아서

3 새는 전기가 통하지 않는 특수 동물이라서

4 전깃줄이 비닐로 싸여 있어서

정답 ❷ 한쪽 전깃줄에만 앉은 새들은 전기에 대한 저항이 전깃줄보다 커서, 전기가 새의 몸으로 흘러들지 않아요. 하지만 새의 다리가 길어 양쪽에 걸터앉는다면 두 전깃줄의 통로가 되어 버린 새의 몸으로 전기가 흘러 감전이 된답니다.

전류

전기 전 / 흐를 류

전기가 전선을 따라 이동하는 현상

전등을 켜거나 전기밥솥, 냉장고, 텔레비전 같은 전자 제품을 작동하는 데 필요한 전기는 대부분 발전소에서 생산해요. 전기는 전선을 타고 물처럼 흐르지요. 이렇게 전기가 전선을 따라 이동하는 현상을 전류라고 해요. 전기가 통한다는 것을 전류가 흐른다고 표현하는데, 전류는 (+)극에서 (–)극으로 흐른답니다.

전기가 전선을 타고 집까지 흘러오기 때문에 우리는 멀리 발전소에서 만든 전기를 집에서도 이용할 수 있어요. 전자 제품 외에, 사람 몸에도 전류가 흐를 수 있는데 전류가 몸에 흘러서 충격을 받는 것을 감전이라고 해요. 적은 양이 들어오면 찌릿찌릿 저린 정도지만, 많은 전류가 몸에 흐르면 크게 다치거나 심하면 죽을 수도 있어요. 특히 물은 전기가 잘 통하는 성질이 있어서, 물에 젖은 손으로 전기 기구를 사용하면 감전될 위험이 커지므로 더욱 조심해야 한답니다.

전기가 가장 잘 통하는 물체는?

1. 유리

"얼마든 와 봐!"

2. 연필심

"얼마든 와 봐!"

3. 플라스틱

"얼마든 와 봐!"

4. 나무

"얼마든 와 봐!"

정답 ❷ 유리, 플라스틱, 나무, 고무 등은 전기가 통하지 않는 물질이에요. 연필은 나무로 만들어졌더라도 연필심이 흑연이라는 금속으로 이루어져 있어 전기가 잘 통하지요.

도체와 부도체

통할 도 / 물체 체 / 아닐 부

도체 : 전기가 잘 통하는 물질
부도체 : 전기가 통하지 않는 물질

물체에 전류가 흐르는 것을 방해하는 성질을 저항이라고 해요. 저항의 크기는 물질에 따라 달라지는데 전기 저항이 매우 작아서 전기가 잘 통하는 물질을 도체라고 하고, 전기 저항이 매우 커서 전기가 잘 통하지 않는 물질을 부도체라고 해요. 부도체는 절연체라고도 하지요. 도체는 철, 구리, 알루미늄, 금, 은 등과 같은 금속이고, 부도체는 유리, 고무, 종이, 비닐, 나무, 플라스틱 등이에요.

우리가 사용하는 가전제품은 도체와 부도체를 모두 사용해요. 왜냐하면 전기가 필요한 곳에만 통해야 하기 때문이에요. 전기가 통하는 전선은 도체로 만들고, 손잡이처럼 사람이 만지는 부분은 감전되는 것을 막기 위해 고무나 플라스틱 같은 부도체로 감싸 놓는답니다.

못으로 자석을 만들려면 어떻게 해야 할까?

1 벼락 맞은 나무에 7일 정도 박아 둔다.

2 반으로 잘라 물에 담가 둔다.

3 한쪽은 빨간색으로, 다른 한쪽은 파란색으로 칠한다.

4 자석에 대고 일정한 방향으로 계속 문지른다.

정답 ❹ 못과 같은 금속 물체에 전류를 흘려보내면 일시적으로 자석의 성질을 띨 수 있어요. 못을 자석에 대고 일정한 방향으로 계속 문지르면 못은 일시적으로 자석, 즉 전자석이 된답니다.

전자석
전류가 흐를 때만 자석이 되는 자석

전자석은 전류가 흐르면 자석의 성질을 띠고, 전류가 흐르지 않으면 자석의 성질을 잃고 원래 상태로 돌아가는 일시 자석을 말해요.

전자석은 전기가 통할 때만 자석이 되기 때문에 필요에 따라 자석의 성질을 띠게 할 수도, 띠지 않게 할 수도 있어요. 못과 같은 금속 물체도 영구 자석(항상 자석의 성질을 띠는 자석)과 전자석이 될 수 있지요. 선풍기, 세탁기, 헤어드라이어, 냉장고, 자동차 등 전동기(모터)를 사용하는 전기 제품은 전자석의 원리를 이용해요.

현재 우리나라에서 개발되고 있는 하이퍼루프는 전자석을 활용한 자기부상의 원리를 이용해요. 전자석이 열차 바닥에 설치되어 있는 하이퍼루프는 진공에 가까운 튜브형 터널 안에서 자기력을 이용해 공중에 살짝 뜬 채, 초고속으로 빠르게 나아갈 수 있어요. 공기 저항도 없고, 레일과의 마찰도 없어 소음도 거의 없지요. 하이퍼루프는 1시간에 1,200km를 갈 수 있기에, 개발된다면 서울에서 부산까지 단 20분 만에 갈 수 있다고 해요. 현재 가장 빠른 교통수단인 KTX(시속 300km)보다 무려 3배나 빠른 속도랍니다.

17 퀴즈 난이도 ★☆☆
과학 기초 개념 잡기

축구공을 차면 앞으로 **굴러가는** 이유는?

1 너무 아파서

2 또 맞을까 봐 무서워서

3 앞으로 나가는 힘이 생겨서

4 정신을 못 차려서

45

정답 ❸ 멈춰 있는 축구공을 차면 앞으로 나아가려는 힘이 생겨요. 이때 물체는 움직이면서 운동 에너지가 생기지요. 그래서 공을 세게 차면 높이 날아가고, 약하게 차면 조금만 앞으로 굴러가는 거랍니다.

에너지

물체가 일을 수행하는 능력

에너지는 모든 생명체가 활동하는 데 필요한 힘, 즉 물체가 일을 하는 능력을 말해요. 우리 주변에는 여러 형태의 에너지가 존재해요. 높은 곳에 있는 물체가 갖는 위치 에너지, 움직이는 물체가 갖는 운동 에너지, 전기 기구를 작동하는 전기 에너지, 생물의 생명 활동에 필요한 화학 에너지, 주위를 밝게 비추는 빛에너지 등 종류가 아주 많아요.

위치 에너지
폭포, 롤러코스터, 번지 점프 등

열에너지
가스 불, 열기구, 증기 기관차 등

운동 에너지
축구하는 선수, 뛰는 학생 등

전기 에너지
불 켜진 전등, 작동 중인 에어컨 등

화학 에너지
식물, 화석 연료, 건전지 등

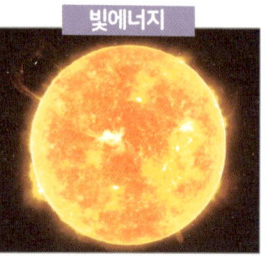
빛에너지
햇빛, 전구 등

18 퀴즈 난이도 ★☆☆
과학 기초 개념 잡기

발전소에서 **전기**를 생산할 때 이용하는 에너지가 아닌 것은?

1 번개

2 댐

3 바람

4 불

정답 ① 발전소는 열에너지, 운동 에너지, 위치 에너지 등을 이용해서 전기 에너지를 생산해요. 하지만 번개는 불규칙적이고 꾸준하지 않아서 발전소에서 활용하기에는 적절하지 않답니다.

에너지 전환

구를 전 ---- 바꿀 환

에너지의 형태가 바뀌는 것

우리 삶에서 빼놓을 수 없는 에너지가 바로 전기예요. 전등불을 켜고, 스마트폰을 사용하고, 냉장고를 이용하는 등 전기는 생활 전반에 필요해요. 사람들이 이런 전기를 생산하기 위해 만든 곳이 발전소예요. 발전소에서는 발전기를 회전시켜 자연에 다양하게 존재하는 원래의 에너지(열에너지, 운동 에너지 등)를 전기 에너지로 바꿔 전기를 만들어 내요. 발전소에서 생산된 전기가 가정에 오면 용도에 맞게 다시 전환되는데, 선풍기는 운동 에너지로, 온풍기는 열에너지로 바뀌어 사용돼요. 이처럼 에너지의 형태가 바뀌는 것을 에너지 전환이라고 하지요.

지금까지는 주로 석탄, 석유 등 화석 연료로 열에너지를 얻어 전기 에너지를 생산했어요. 하지만 최근에는 화석 연료가 바닥나고 환경이 오염되어, 무한한 바람이나 태양, 물 등을 이용해서 환경 오염 없이 전기 에너지를 얻는 기술을 활발하게 개발하고 있어요.

예	에너지 전환
전등	전기 에너지 → 빛에너지
선풍기	전기 에너지 → 운동 에너지
수력 발전	위치 에너지 → 전기 에너지
온풍기	전기 에너지 → 열에너지
화력 발전	열에너지 → 전기 에너지

화석 연료를 대신할 새로운 에너지원을 개발하는 이유가 아닌 것은?

1 화석 연료는 환경 오염의 주범이라서

2 화석 연료는 곧 바닥날 거라서

3 화석 연료는 비싸서

4 화석 연료보다 사용하기 편해서

정답 ④ 아직은 새로운 에너지원을 개발하는 것보다 화석 연료를 땅에서 파내서 사용하는 것이 편해요. 하지만 환경과 미래를 생각해서 새로운 에너지원을 개발하고 있어요.

새 신 ---- 다시 재 ---- 날 생

신재생 에너지

화석 연료를 재활용하거나 재생 가능한 에너지를 변환해서 쓰는 에너지

우리가 주로 사용해 온 에너지 자원은 땅속에 매장된 석탄, 석유와 같은 화석 연료예요. 화석 연료는 재생이 불가능하고 한정되어 있기에 언젠가는 바닥이 드러나서 없어질 거예요. 게다가 화석 연료에서 나오는 온실가스는 지구 온난화를 일으키기 때문에 인류에게는 새로운 에너지원이 필요해요.

신재생 에너지란 기존의 화석 연료를 대신할 에너지를 말해요. 신기술을 이용하여 화석 연료를 재활용하거나 태양열, 태양광, 풍력, 바이오매스 등 자연에서 무한히 얻을 수 있는 에너지를 변환해서 쓰는 에너지예요.

신재생 에너지는 자연에서 얻기 때문에 에너지원이 바닥날 위험도 적고, 에너지를 생산할 때 발생하는 환경 오염의 우려도 적지요. 그래서 우리나라는 뛰어난 기술력으로 신재생 에너지를 적극 개발하고 있어요. 물론 지금은 화석 연료보다 효율이 많이 떨어지지만, 기술이 발전해 효율이 높아진다면 나중에는 신재생 에너지가 화석 연료를 대체하여 건강한 지구가 될 거예요.

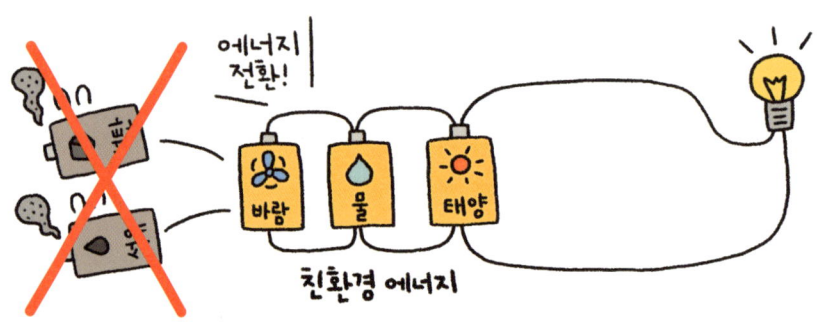

1장 마무리 교과서 개념이 쏙 담긴
OX 퀴즈

맞으면 O 틀리면 X

달에는 중력이 없어서 무게나 질량이나 똑같다. **O / X**	무게를 재고 싶을 때는 시계를 이용한다. **O / X**
빛이 물체에 부딪쳐 되돌아 나가는 성질을 '반사'라고 한다. **O / X**	빛은 직진하려는 성질이 있다. **O / X**
우리가 사물을 볼 수 있는 것은 빛 덕분이다. **O / X**	빛이 굴절되는 이유는 빛의 속도가 다르기 때문이다. **O / X**
시계의 큰바늘은 과학적 운동을 한다. **O / X**	물이 어는점은 0도, 끓는점은 1000도다. **O / X**
고체에서 열이 물질을 따라 온도가 높은 곳에서 낮은 곳으로 전달되는 현상을 '대류'라고 한다. **O / X**	전기가 전선을 따라 이동하는 현상을 '전류'라고 한다. **O / X**
신재생 에너지를 개발하는 이유는 자원 고갈, 환경 오염 등의 문제 때문이다. **O / X**	전기가 잘 통하는 물질은 '도체', 그렇지 않으면 '부도체'라 한다. **O / X**

정답은 174쪽에.

2장

교과서 속 물질 이야기

지구, 생명체, 물건 등 우리 주변의 모든 물체는 물질로 이루어져 있어요.
물질에 따라 물체도 바뀌기 때문에 물질의 성질을 이해하고 구분하는 것은 매우 중요해요.
세상을 구성하고 있는 물질은 어떤 특징이 있고, 어떻게 활용되는지 함께 알아보아요.

혼합물과 화합물 | 혼합물의 분리 | 물의 상태 | 증발 | 응결 | 용해 | 용해도 | 온도에 따른 용해도
용액의 진하기 | 산과 염기 | 공기 | 산소 | 이산화 탄소 | 온도에 따른 기체의 부피 | 압력
연소 | 소화

혼합물이 아닌 것은?

1. 김밥
김, 밥, 달걀, 햄, 당근~

2. 로봇
여러 색 블록으로 만들어 멋지지?

3. 흙탕물
흙이 뒤섞여 흐려진 물

4. 물
난 산소와 수소가 섞여 있어.

> **정답 ❹** 김밥, 블록, 흙탕물은 원래 물질로 분리하기가 쉬운 혼합물이지만, 물은 화합물이에요. 물을 이루는 물질이 섞여 성질이 바뀌었기 때문에 쉽게 분리할 수 없어요.

섞을 혼 / 합할 합 / 물건 물 / 될 화

혼합물과 화합물

혼합물 : 두 가지 이상의 물질이 원래 성질이 변하지 않은 채 섞여 있는 것
화합물 : 서로 다른 물질이 섞이며 성질이 변하여 새로운 물질이 된 것

혼합물은 두 가지 이상의 물질이 원래 성질을 잃지 않은 채 섞인 물질을 말해요. 소금물(소금+물), 설탕물(설탕+물), 흙탕물(흙+물) 등과 같이, 서로 다른 물질이 섞여만 있을 뿐 화학적 변화가 일어나지 않는 물질이지요.

화합물은 혼합물과 마찬가지로 두 가지 이상의 물질이 섞여 이루어진 물질이지만, 원래 성질과 전혀 다른 새로운 물질로 변한 물질이에요. 지구에서 가장 흔한 물질인 물도 산소와 수소가 화학적으로 결합한 화합물이지요. 소금이나 설탕도 화합물이랍니다.

혼합물은 각 물질의 성질이 변하지 않아서 다시 분리하기 쉬워요. 하지만 화합물은 각 물질의 성질이 이미 변하여 새로운 물질이 되었기 때문에 다시 분리하는 것이 어렵답니다.

설탕은 자연에서 어떻게 얻을까?

1 돌에서 얻는다.

2 설탕 열매가 열리는 나무에서 얻는다.

3 바닷물을 증발시켜 얻는다.

4 단맛 나는 식물에서 얻는다.

정답 ❹ 설탕은 단맛이 나는 사탕수수나 사탕무와 같은 식물에서 단맛 성분을 분리하여 얻는답니다.

혼합물의 분리

혼합물을 분리하여 우리 생활에 필요한 순수 물질을 얻는 과정

살살 녹는 아이스크림, 부드러운 케이크, 고소하고 바삭한 쿠키같이 우리가 즐겨 먹는 음식에 단맛을 낼 때는 설탕을 사용해요. 설탕은 마트에서 쉽게 살 수 있어요. 하지만 설탕을 만드는 재료를 자연에서 얻기란 그리 간단하지 않아요. 자연에서는 순수한 설탕을 얻을 수 없기 때문이에요.

설탕을 얻으려면 우선 사탕수수나 사탕무 같은 단맛 나는 식물에서 우리가 필요한 당분만을 분리해서 정제해야 해요. 이처럼 혼합물을 분리하여 우리 생활에 필요한 순수한 물질을 얻는 과정을 혼합물의 분리라고 한답니다.

혼합물의 분리는 설탕을 얻는 과정에만 있지 않아요. 우리도 생활 속에서 혼합물을 분리하고 있어요. 쓰레기를 플라스틱, 종이, 캔 등으로 분리해서 수거하고, 급식에 콩밥이 나올 때 선생님 몰래 콩을 빼내는 것도 혼합물의 분리라고 할 수 있지요.

빈 칸에 들어갈 말은 무엇일까?

과학자들은 ▢의 흔적을 발견하면 생명체가 있을 가능성이 높다고 본다.

1. 물

2. 불

3. 바람

4. 구덩이

정답 ❶ 물은 지구 생물체에 필수 물질이에요. 생명을 유지하고 지구의 기후를 안정적으로 유지하지요. 따라서 물의 존재는 생명체가 있을 확률이 높다는 것을 의미한답니다.

물의 상태

물이 얼거나 녹을 때 나타나는 물의 모습

물은 온도에 따라서 얼음(고체), 물(액체), 수증기(기체) 세 가지 상태로 존재해요. 물 안에 있는 작은 알갱이가 낮은 온도에서는 서로 강하게 연결되어 딱딱한 얼음 상태가 되고, 온도가 오르면 적당한 힘으로 연결되어 모양이 일정하지 않은 물이 되지요. 그리고 이런 알갱이 사이의 힘이 매우 약해지면 수증기가 되어서 공기 중으로 흩어져요.

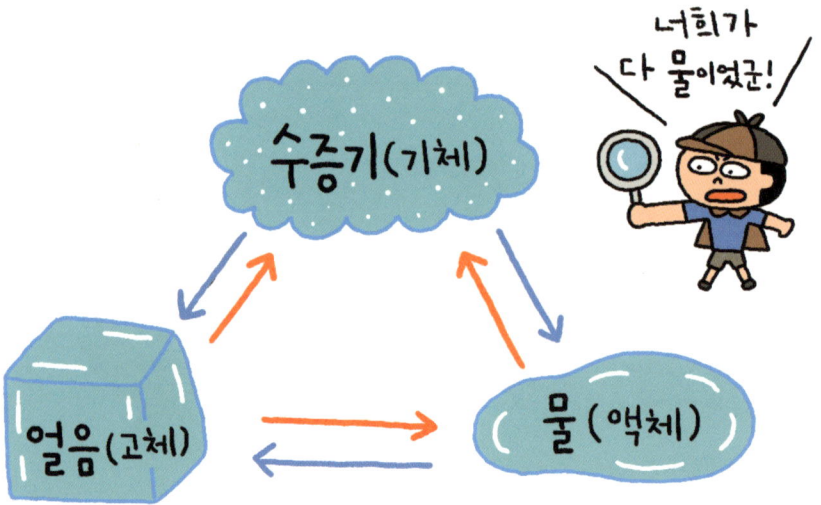

얼음이 녹는다고 사라지는 것이 아니라, 얼음(고체)이 물(액체)로 바뀌고 다시 수증기(기체)로 변하는 것이지요. 이렇게 물은 상태만 바꾸어 지구를 돌아다니면서 모든 생명체가 생존하도록 도와줘요. 그래서 과학자들은 다른 행성을 조사할 때 물을 발견하면 생명체가 살지는 않을까 관심을 둔답니다.

증발 상황이 아닌 것은?

1 고였던 물이 말랐다.

2 흘러내린 땀이 말랐다.

3 빨래가 말랐다.

4 물을 끓였더니 뿌연 수증기가 올라왔다.

정답 ❹ 물을 끓이면 뿌옇게 수증기가 올라오는 건 '끓음' 현상이에요.

증발

액체 상태에서 기체 상태로 변하는 현상

증발이란 액체 상태의 물이 기체 상태의 수증기로 변하는 현상이에요. 증발이 일어나면 공기와 맞닿은 액체가 표면부터 서서히 마르는데, 고였던 물이 마르는 것, 흘러내린 땀이 마르는 것, 빨래가 마르는 것처럼 우리 주변에서 흔히 볼 수 있는 현상이에요.

물을 끓이면 뿌연 수증기가 위로 올라가는 것은 끓음 현상이에요. 증발과 끓음은 다른 현상이랍니다. 증발과 끓음 모두 액체 상태에서 기체 상태로 변하는 것이지만, 증발은 물 표면에서만 천천히 수증기로 변하고, 끓음은 물 표면과 물속에서 빠르게 수증기로 변하는 것이 다르지요.

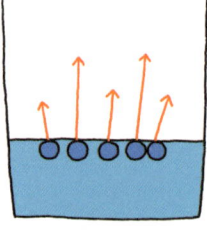

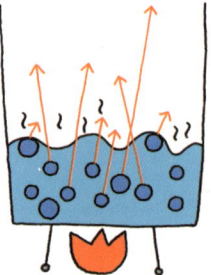

24 퀴즈
난이도 ★★☆
과학 기초 개념 잡기

사막에 사는 사막딱정벌레가 물을 얻는 방법은?

1 사막 동물은 물이 필요 없다.

2 아침이면 날개에서 생긴다.

3 모래 속에 섞인 물을 빨아먹는다.

4 사실 사막 땅속 깊은 곳에 오아시스가 있다.

정답 ❷ 일교차가 매우 큰 사막에는 아침마다 안개가 자주 껴요. 사막딱정벌레의 등껍질에는 울퉁불퉁한 돌기들이 나 있는데, 이 돌기에 안개가 달라붙어 물방울이 생기지요. 사막딱정벌레는 이 물을 입으로 내려보내 마신답니다.

응결

기체인 수증기가 냉각되어 액체인 물이 되는 현상

차가운 얼음물을 담은 컵 표면에 물방울이 맺히는 것을 보았나요? 눈에는 보이지 않지만 공기 중에 떠다니던 수증기가 차가운 컵 표면에 닿으면서 온도가 내려가 액체인 물로 변한 거예요. 이렇게 기체인 수증기가 냉각되어 액체인 물로 상태가 변하는 현상을 응결이라고 해요.

겨울철에 날씨가 추워지면 뿌연 입김이 보이는 것도 응결 현상이에요. 입에서 나온 따뜻한 공기가 주변에 떠다니는 차가운 공기와 만나는 순간 응결되어 뿌옇게 보이는 거지요.

사막딱정벌레가 물을 얻는 방법도 응결 현상을 이용한 거랍니다. 일교차가 심한 사막에서 안개가 낀 짧은 새벽 동안, 사막딱정벌레는 등껍질의 돌기에 차가운 공기(안개)가 달라붙어 물방울이 생기면 이 물을 입으로 내려보내 마신답니다.

설탕물은 **용액**인데, **흙탕물**은 용액이 아닌 이유는?

1 투명하지 않아서

난 왜 깨끗해지지 않는 거니?

2 맛이 없어서

그래도 맛좀 봐 봐~.

3 골고루 안 섞여서

뭐야, 나 왜 가라앉니?

4 크게 쓸모가 없어서

뭐라고? 말이 심한 거 아냐??

> **정답 ❸** 눈으로 설탕물을 보면 설탕이 보이지 않아요. 그 이유는 물에 들어간 설탕이 눈에 보이지 않는 작은 설탕 알갱이로 나뉘어 물 알갱이와 골고루 섞였기 때문이에요. 하지만 흙탕물은 골고루 섞이지 않아 용액이 될 수 없답니다.

용해
어떤 물질이 다른 물질에 녹아 골고루 섞이는 현상

어떤 물질이 다른 물질에 녹아 골고루 섞이는 현상을 용해라고 해요. 이때 설탕물처럼 녹는 물질이 녹이는 물질에 골고루 섞여 있는 물질을 용액이라고 하고, 그리고 설탕처럼 녹는 물질을 용질, 물처럼 녹이는 물질을 용매라고 하지요.

용액은 일상생활에서 쉽게 찾아볼 수 있어요. 코코아 가루를 탄 코코아 우유, 카페에서 마시는 각종 커피와 음료는 모두 용액이라고 할 수 있어요.

하지만 섞여 있다고 모두 용액은 아니에요. 비가 온 뒤 운동장의 흙탕물은 언뜻 보면 흙과 물이 잘 섞인 것처럼 보이지만 실제로는 골고루 섞이지 않아서 시간이 지나면 흙이 바닥에 가라앉아요. 용액이 되려면 녹는 물질이 녹이는 물질에 골고루 섞여 있어야 해요. 흙탕물처럼 골고루 섞이지 않은 것은 용액이 될 수 없지요.

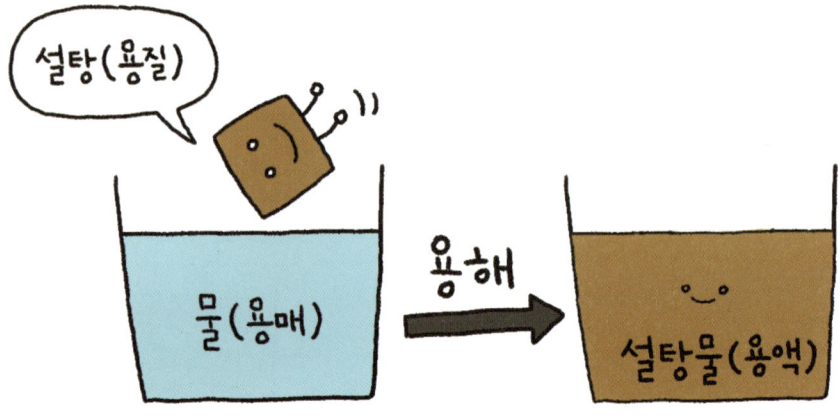

물 100g에 소금과 설탕을 각각 녹인다면, 어느 것이 더 많이 녹을까?

1 설탕

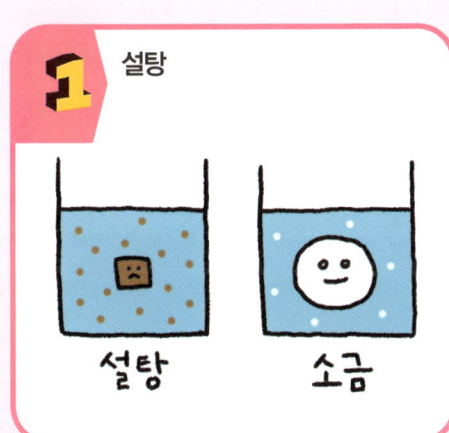

2 소금

3 똑같다

4 더 많이 넣은 것

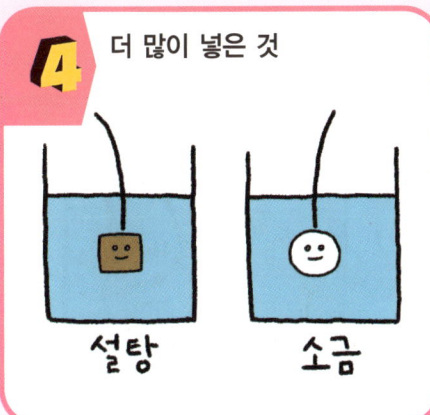

정답 ❶ 물질마다 물에 녹을 수 있는 양은 달라요. 예를 들어 20℃의 물 100g에 소금은 36g이 녹지만, 설탕은 204g이나 녹는답니다.

용해도

일정한 온도에서 용매 100g에 최대로 녹을 수 있는 용질의 양

소금물을 더 짜게, 설탕물을 더 달게 만들려면 당연히 설탕과 소금을 더 많이 넣으면 돼요. 하지만 물의 양이 일정하다고 가정했을 때, 많이 넣는다고 모두 용해되는 것은 아니랍니다. 일정량이 넘으면 용해되지 못하고 바닥에 가라앉고 말거든요. 일정한 온도에서 용매 100g에 최대로 녹을 수 있는 용질의 양을 용해도라고 해요.

용질마다 용해도는 달라요. 용질을 용매에 녹이면 용질은 작은 알갱이로 분리되어 용매(물) 알갱이와 서로 끌어당기면서 섞여 용액이 되지요. 용질 알갱이와 용매 알갱이가 서로 끌어당기는 힘이 강할수록 용해가 잘 됩니다.

설탕과 소금은 둘 다 물에 잘 녹아요. 하지만 일정한 물의 양에 녹을 수 있는 설탕과 소금의 양은 정해져 있어요. 정해진 양이 넘으면 더 이상 섞이지 못하고 바닥에 가라앉고 말지요. 이때 설탕은 물과 서로 끌어당기는 힘이 소금보다 강하기 때문에 용해도가 더 높아서 더 많은 양이 물에 녹는답니다.

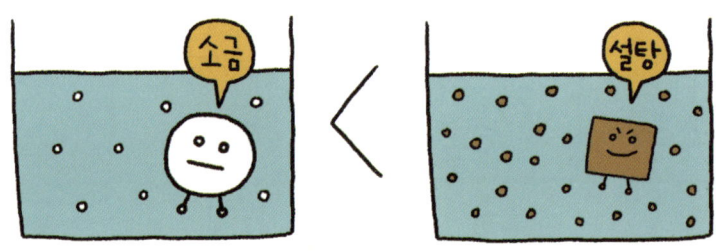

퀴즈 27

과학 기초 개념 잡기

난이도 ★★☆

코코아 가루가 **찬** 우유보다 **따뜻한** 우유에서 더 잘 녹는 이유는?

1 따뜻한 우유 알갱이의 크기가 더 커서

2 따뜻한 우유 알갱이가 힘이 약해서

3 따뜻한 우유 알갱이가 더 활발하게 움직여서

4 따뜻한 우유 알갱이가 더 친절해서

정답 ❸ 물질(코코아 가루)은 용매(우유)의 온도가 높을수록 더 잘 녹아요.

온도에 따른 용해도

물질의 용해는 온도와도 관계가 깊어요. 물질은 눈에 보이지 않는 작은 알갱이들로 이루어져 있어요. 알갱이들은 온도가 낮을 때보다 온도가 높을 때 더 활발하게 움직이는 특성이 있어요. 추운 겨울에는 따뜻한 이불 속에 가만히 눕고 싶고, 따뜻한 봄이 되면 밖으로 나가서 움직이고 싶은 우리 모습이랑 비슷하지요.

코코아 가루를 우유에 넣고 녹일 때, 우유 온도가 높으면 우유 알갱이들은 활발하게 움직이기 때문에 코코아 알갱이와 이리저리 돌아다니며 잘 섞여요. 반대로 우유 온도가 낮으면 우유 알갱이들은 온도가 높을 때보다 덜 움직이게 되므로 코코아 알갱이와 덜 섞이지요. 그래서 냉장고에서 꺼낸 지 얼마 되지 않은 우유에 코코아 가루를 넣고 아무리 섞어도 잘 녹지 않고 바닥에 가라앉는 거예요.

맹물과 소금물이 담긴 컵이 있을 때, 마시지 않고 소금물을 찾는 방법은?

1 같은 무게의 달걀을 띄워 본다.

2 물의 색깔을 비교한다.

3 동전을 넣어 색 변화를 본다.

4 냄새를 맡아 본다.

정답 ❶ 용액의 진하기를 비교하려면 적당한 무게의 작은 물체를 용액 속에 넣어 보면 돼요. 달걀을 맹물에 넣으면 물 아래로 가라앉고, 소금물에 넣으면 물 위로 뜬답니다.

용액의 진하기

진**액**
녹을 **용**

같은 양의 용매에 녹아 있는 용질의 양이 많고 적은 정도

용액의 진하기는 같은 양의 용매에 녹아 있는 용질의 양이 많고 적은 정도를 말해요. 농도라고도 해요.

진하기가 서로 다른 용액을 비교하려면 용액의 맛과 색깔을 비교해 보면 되는데, 맛이 더 강하거나 색이 진할수록 진한 용액이에요. 하지만 먹을 수 없고 색깔도 없는 용액이라면 어떤 방법으로 구별할까요? 이럴 땐 방울토마토나 달걀 등과 같은 물체를 용액 속에 넣고, 뜨고 가라앉는 정도를 비교해 보면 돼요. 용액의 진하기가 진할수록 물체가 더 잘 떠오른답니다.

일반 수영장에 비해 바다에서는 몸이 잘 뜨는데, 바닷물이 수영장 물보다 소금의 농도가 높기 때문이에요. 죽음의 바다라는 이름이 붙은 사해는 일반 바다보다 약 다섯 배 정도 소금의 농도가 높다고 해요.

농도가 높은 용액에서 물체가 더 높이 뜨는 것을 이용하여 수영장 물에 설탕이나 소금을 녹여 넣어요. 아예 수돗물 대신 바닷물을 넣기도 한답니다.

달걀 껍데기를
녹일 수 있는 물질은?

1. 식초

2. 비눗물

3. 물

4. 설탕

정답 ① 시큼한 향과 신맛을 내는 식초는 냉면 등 다양한 음식에 활용되는 조미료예요. 식초는 산성을 띠고 있어서 달걀 껍데기나 금속 같은 물질을 녹일 수 있어요.

산과 염기

산 : 물에 녹으면 수소 이온을 만드는 물질(신맛)

염기 : 물에 녹으면 수산화 이온을 만드는 물질(쓴맛)

산은 레몬이나 식초처럼 신맛이 나는 물질로, 물에 녹아 수소 이온을 만들어요. 반면에 염기는 쓴맛을 내거나 미끈미끈한 성질이 있고, 물에 녹아 수산화 이온을 만들어 내지요.

용액은 산도에 따라 산성과 염기성으로 분류해요. 산도(pH)는 용액에 들어 있는 산의 세기, 즉 수소 이온의 농도를 0부터 14까지 범위를 나누어 숫자로 나타내는데, 중간인 7을 기준으로 7보다 작으면 산성, 7보다 크면 염기성으로 분류하지요. pH가 7이면 중성이라고 하고, 물과 같이 산성도 염기성도 띠지 않아요.

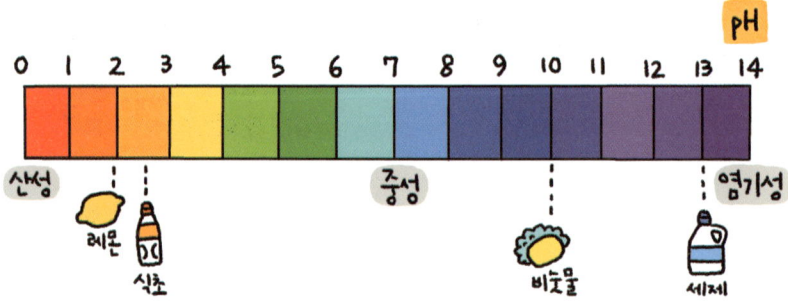

환경 오염이 심해지면서 때때로 보통 비보다 산성이 높은 산성비가 내려요. 공장이나 자동차에서 나오는 매연은 산성 물질이 많이 들어 있기 때문에 비와 섞여 내리면 많은 피해를 준답니다. 토양이 산성으로 바뀌어 생물이 잘 자랄 수 없고, 탑이나 건축물이 부식되어 빨리 훼손되지요. 그래서 산성비가 내릴 땐 우산을 꼭 써야 해요.

공기 속에 가장 많이 섞여 있는 기체는?

1 질소

2 산소

3 이산화 탄소

4 헬륨

정답 ❶ 지구 상에 있는 공기는 질소, 산소, 아르곤, 헬륨, 이산화 탄소 등 여러 기체가 섞여 있는데, 그중 가장 많은 양을 차지하는 기체는 질소랍니다.

공기

지구를 둘러싸고 있는 여러 기체

공기는 지구를 둘러싸고 있는 기체예요. 지구에 있는 모든 생물에게 꼭 필요한 물질이지요. 사실 공기는 여러 기체가 섞인 혼합물이에요. 공기는 대부분 질소(78%)와 산소(21%)이고, 나머지(1%)가 아르곤, 헬륨, 이산화 탄소 등으로 이루어져 있어요.

공기는 생물이 살아가는 데 많은 영향을 미쳐요. 하지만 자동차와 공장에서 내뿜는 매연과 사람들이 급속하게 이룩한 산업화로 공기 중에 오염 물질이 섞이면서 대기 오염은 사회 문제로 대두되고 있어요. 대기 오염이 심해진다면 지금 사람들이 깨끗한 물을 사 마시듯 언젠가는 깨끗한 공기를 사기 위해 줄을 서거나 공기 정화 장치를 매달고 숨을 쉬어야 하는 날이 올지도 몰라요.

사람들에게 숨을 쉬는 일은 아주 중요해요. 우리 모두 대기 오염 문제에 대해 깊이 고민하고 해결 방안으로 생각해 보면 좋겠어요.

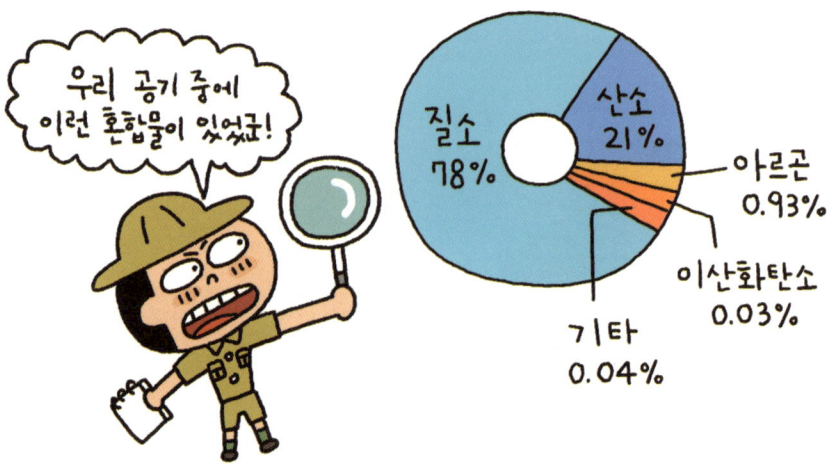

31 퀴즈 난이도 ★☆☆
과 학 기 초 개 념 잡 기

'불난 집에 부채질한다'는 속담처럼 왜 불에 바람을 불어 넣을까?

1 더울까 봐 시원해지라고

2 불이 활활 더 잘 타라고

3 바람으로 불을 끄려고

4 그냥 장난으로

정답 ❷ 물질이 타기 위해서는 산소가 꼭 필요해요. '불난 집에 부채질한다'는 속담처럼 불에 바람을 불어 넣으면, 바람을 타고 공기 중에 산소가 공급되어 불이 활활 잘 타오른답니다.

산소

지구의 대기 속 기체로 무색, 무취, 무미의 기체

산소는 색깔과 냄새, 맛이 없는 기체로, 사람과 같은 동물이 호흡하는 데 꼭 필요해요. 공기의 약 $\frac{1}{5}$을 차지하는 산소는 자기 스스로 타지는 못하나, 다른 물질이 잘 타도록 도와줘요. 또한 철이나 구리, 알루미늄 같은 금속 물질을 녹슬게 하는 주범이기도 하지요.

산소는 우리 생활 곳곳에 쓰이고 있어요. 잠수부나 소방관이 사용하는 공기통, 응급 환자의 산소 호흡 장치, 비행기 내 산소마스크 등 중요한 상황에서 많이 사용된답니다.

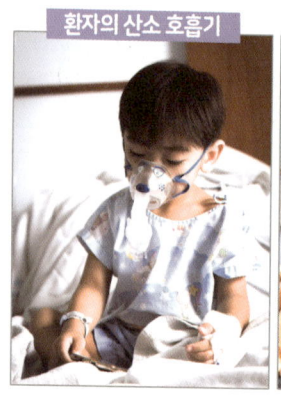
환자의 산소 호흡기

비행기 내 산소마스크

잠수부의 공기통

32 퀴즈
난이도 ★☆☆
과 학 기 초 개 념 잡 기

톡 쏘는 맛의 콜라에는 왜 공기 방울이 생길까?

1 공기가 들어 있어서

2 응결이 일어나서

3 증발이 일어나서

4 탄산이 있어서

정답 ❹ 콜라 속을 보면 방울이 보그르르 움직이는 것을 볼 수 있어요. 콜라 속에 탄산이 녹아 있기 때문에 일어나는 현상이지요. 탄산은 이산화 탄소를 액체에 녹여서 만들어요. 콜라의 톡 쏘는 맛도 탄산 성분 덕분에 나는 거랍니다.

이산화 탄소

산소 두 개와 탄소 하나가 결합해 생긴 화합물

이산화 탄소는 산소 2개와 탄소 1개가 결합해 만들어진 화합물로, 물질이 탈 때 생기는 기체에 들어 있어요.

이산화 탄소는 산소와 같이 색깔도 없고 냄새도 없어요. 또한 불을 끄는 성질이 있어서 소화기의 주성분으로 이용되지요. 물에 녹으면 탄산을 만들어 내기 때문에 콜라 같은 탄산음료의 톡 쏘는 맛을 낸답니다.

이산화 탄소는 우리 생활에 유용하게 사용되기도 하지만, 너무 많이 배출되면 기후에 나쁜 영향을 끼쳐요. 화석 연료의 과다한 사용으로 배출된 이산화 탄소가 마치 지구를 온실처럼 감싸면서 지구의 평균 온도가 점점 올라가거든요. 지구 온난화를 일으키는 주범이 바로 이산화 탄소랍니다.

소화기

이산화 탄소를 분사하면 공기를 차단해 불을 끄지요.

탄산음료

이산화 탄소를 액체에 녹이면 탄산을 만들어 내요.

베이킹파우더

밀가루에 베이킹파우더를 넣으면 이산화 탄소가 발생하여 빵을 부풀게 해요.

찌그러진 **탁구공**을 다시 펴는 방법은?

1 손으로 잡아당긴다.

2 바늘로 찔러서 밀어 올린다.

3 끓는 물 위에 올려놓는다.

4 찌그러진 반대쪽을 때린다.

정답 ❸ 세게 잡거나 던져서 찌그러진 탁구공은 손으로 펴기 어려워요. 이럴 때는 끓는 물에 탁구공을 넣으면 쉽게 펴진답니다.

온도에 따른 기체의 부피

플라스틱으로 만든 탁구공은 세게 잡거나 던지면 쉽게 찌그러져요. 안쪽으로 찌그러진 탁구공을 원래 상태로 되돌리기란 쉽지 않지요. 이럴 땐 찌그러진 탁구공을 끓는 물 위에 올리면 돼요. 그러면 탁구공 속 기체의 온도가 올라가, 기체 알갱이들이 활발하게 움직이면서 기체의 부피가 커져 찌그러진 탁구공을 펴지게 하지요. 왜냐하면 기체는 온도가 올라가면 부피가 커지고, 온도가 내려가면 부피가 작아지는 성질이 있기 때문이에요.

온도에 따라 기체의 부피가 달라지는 경우는 또 있어요. 중국집에서 짬뽕을 시키면 내용물이 쏟아지지 않도록 비닐 랩을 씌워서 배달해 주는데, 받아 보면 이 비닐이 빵빵하게 부풀어 있어요. 이때도 짬뽕의 뜨거운 온도에 그릇 속 기체의 온도가 올라가서 부피가 커진 거랍니다. 이와 반대로 음식이 담긴 그릇에 비닐 랩을 씌우고 냉장고에 넣어 두면 비닐 랩이 쪼그라들거나, 겨울에 실내에서 크게 분 풍선을 밖으로 가지고 나가면 크기가 줄어드는 것은 온도가 내려가서 기체의 부피가 작아진 현상이랍니다.

헬륨 풍선이 하늘로 올라가면 어떻게 될까?

1 우주까지 날아간다.

2 계속 커지다가 터진다.

3 점점 쪼그라들다가 떨어진다.

4 뜨거운 햇빛에 녹을 것이다.

정답 ❷ 풍선이 하늘 위로 올라가면 공기가 적어 사방에서 누르는 힘도 작아져요. 하늘 위로 올라갈수록 부풀던 풍선도 결국 터지고 말지요.

압력

누를 압 / 힘 력

두 물체가 맞닿은 면에서 수직으로 누르는 힘

압력은 두 물체가 맞닿은 면에서 수직으로 누르는 힘이에요. 이런 압력은 기체의 부피에 영향을 끼쳐요. 기체 알갱이는 공간을 차지하고 자유롭게 움직이는데, 압력이 올라가면 기체 알갱이가 움직일 수 있는 공간이 줄어들어요. 즉 기체는 압력이 올라가면 부피가 작아지고, 압력이 낮아지면 부피가 커지는 성질이 있답니다.

눈에 보이지 않고 가벼워 보여도 공기도 무게를 갖고 있어요. 지구를 둘러싼 공기가 누르는 힘을 기압이라고 하는데, 공기가 적은 하늘 위가 땅 근처보다 기압이 낮지요.

밥을 많이 먹어서 배가 빵빵할 때, 벨트를 풀면 배가 앞으로 튀어나오는 이유는 벨트가 누르던 힘이 사라졌기 때문이에요. 마찬가지로 손에서 풍선을 놓쳐 하늘 높이 올라간다면 풍선도 공기가 누르는 힘, 즉 기압이 약해져 점점 부풀어 오른답니다. 하지만 계속해서 부풀던 풍선도 더는 버티지 못하고 결국엔 뻥 터지고 말지요.

35 퀴즈 난이도 ★☆☆

과학 기초 개념 잡기

가을이 되면 산불이 자주 발생하는 이유가 아닌 것은?

1 동물들이 뀐 방귀로 가스가 산에 가득 차서

2 날씨가 건조해서

3 낙엽이 많아서

4 등산객이 함부로 담배꽁초를 버려서

정답 ① 불이 나려면, 탈 물질, 산소, 탈 수 있는 온도(열)가 필요해요. 가을에는 산에 마른 낙엽도 많고(탈 물질), 사람들이 버린 담배꽁초(열)와 공기 중 산소가 만나 불이 나기 쉬운 조건을 만들지요.

연소

물질이 산소를 만나 빛과 열을 내며 타는 현상

불은 우리 삶에 없어서는 안 되는 중요한 도구예요. 열과 빛을 내면서 타는 불은 음식을 따뜻하게 데우거나 주변을 밝게 해 주는 등 다양한 형태로 사람들의 생활을 풍요롭게 해 주거든요. 이러한 불은 연소 반응을 통해 발생한답니다.

연소란 물질이 산소를 만나 빛과 열을 내면서 타는 현상이에요. 연소 현상이 일어나려면 탈 물질, 산소, 물질이 스스로 타기 시작하는 온도(발화점) 이상의 열이 꼭 필요해요. 세 가지 조건 중 하나라도 없다면 연소 현상은 일어나지 않는답니다.

물질이 연소하고 나면 생기는 물질을 연소 생성물이라고 해요. 연소 생성물에는 여러 가지가 있지만 대표적인 것은 물과 이산화 탄소예요. 불이 타고 난 뒤에 물이 생긴다는 것이 의아할 수도 있지만, 이때 생기는 물은 액체 상태가 아니라 기체 상태인 수증기로, 이산화 탄소와 함께 공기 중으로 날아간답니다.

36 퀴즈 난이도 ★★★
과학기초개념잡기

모닥불을 끌 때 하면 안 되는 행동은?

1 물을 조금씩 부어서 정성 들여 끈다.

2 장작이 다 탈 때까지 기다린다.

3 불에 모래를 덮어서 끈다.

4 먹다 남은 콜라를 붓는다.

정답 ❶ 사람들은 무조건 물이 있으면 불을 쉽게 끌 수 있다고 믿는데, 불을 끄기에 턱없이 부족한 양의 물이라면 오히려 불의 열기에 물이 뜨거운 수증기로 바뀌어 화상을 입을 수 있어요.

사라질 소 / 불 화

소화

연소의 3가지 조건 중 하나 이상을 없애서 불을 끄는 것

소화는 불을 끄는 것으로, 연소의 조건(탈 물질, 산소, 발화점 이상의 온도) 중에서 한 가지 이상의 조건을 없애면 돼요.

산불이 났을 때 반대쪽 나무를 베어 내는 건 탈 물질을 제거하는 방법이에요. 작은 불이 났을 때 모래를 붓거나 담요를 덮는 것은 산소를 차단하는 방법이지요. 또 물을 뿌려서 온도를 낮추는 것은 발화점 이상의 온도를 없애는 방법이랍니다.

간혹 불을 끌 때 콜라를 이용하는 경우가 있는데, 콜라에는 불을 끄는 성질을 지닌 이산화 탄소 성분이 녹아 있기 때문이에요. 콜라를 열심히 흔든 후에 모닥불 쪽으로 향하면 이산화 탄소가 터져 나와 불을 끌 수 있답니다.

하지만 우리가 불이 났을 때 해야 할 가장 바람직한 자세는 119에 신고한 뒤 계단을 이용해 대피하는 거예요. 혼자서 불을 끄려고 섣불리 나서면 위험하답니다.

쌤이 뽑은 교과서 개념 퀴즈

문제를 잘 읽고 알맞은 번호를 적어 봐!

	연소의 3가지 조건 중에서 하나 이상을 없애서 불을 끄는 것
	두 물체가 맞닿은 면에서 수직으로 누르는 힘
	기체인 수증기가 냉각되어 액체인 물이 되는 현상
	어떤 물질이 다른 물질에 녹아 골고루 섞이는 현상
	액체 상태에서 기체 상태로 변하는 현상
	일정한 온도에서 용매 100g에 최대로 녹을 수 있는 용질의 양
	물에 녹으면 수산화 이온을 만드는 물질
	물에 녹으면 수소 이온을 만드는 물질
	두 가지 이상의 물질이 원래 성질이 변하지 않고 섞여 있는 것
	불을 잘 타오르게 하는 무색, 무취, 무미의 기체 (공기의 5분의 1 차지)
	소화기의 주성분으로 이용되는 무색, 무취, 무미의 기체
	지구를 둘러싸고 있는 여러 기체
	물질이 산소를 만나 빛과 열을 내며 타는 현상
	다른 물질이 섞이며 성질이 변하여 새로운 물질이 된 것

❶ 혼합물　❷ 화합물　❸ 증발　❹ 응결　❺ 용해
❻ 용해도　❼ 산　❽ 염기　❾ 산소　❿ 이산화 탄소
⓫ 압력　⓬ 공기　⓭ 연소　⓮ 소화

정답은 174쪽에.

3장

교과서 속
생물과 환경 이야기

현미경으로만 보이는 작은 미생물, 30m가 넘는 대왕고래, 수천 년을 살아가는 나무 등
지구에는 수많은 생물이 각자의 방법으로 주변 환경에 적응하며 살고 있어요.
다양한 생물이 환경에 어떻게 적응하며 살아가는지 알아보아요.

발아 | 식물의 한살이 | 식물이 사는 환경 | 생체 모방 기술 | 생물의 분류 | 세균
현미경 | 생명 과학 | 생태계 평형 | 외래종 | 동물과 식물의 차이점 | 식물의 구조와 기능
식물의 뿌리 | 식물의 잎 | 운동 기관 | 호흡 기관 | 소화 기관 | 순환 기관 | 배설 기관

씨앗에서 싹을 틔우는 데 꼭 필요한 조건이 아닌 것은?

1 깨끗한 흙

2 적당한 물

3 적정한 산소

4 알맞은 온도

정답 ❶ 식물은 씨앗에서 싹을 틔우고 자라요. 씨앗을 틔우기 위해서는 적당한 물과 산소, 온도가 있어야 하지요. 물, 산소, 온도 이 세 가지 조건만 충족되면 씨앗은 흙 없이 휴지 위에서도 싹을 틔울 수 있어요.

발아

식물의 씨앗에서 싹이 트는 것

발아는 식물의 씨앗이 뿌리를 내리고 싹을 틔우는 것을 말해요. 발아할 때 가장 중요한 조건은 물, 온도, 산소예요. 이 세 가지 조건 중 어느 하나라도 충족되지 않으면 발아가 되지 않지요.

농부는 벼농사를 지을 때 발아 조건을 모두 갖춘 모판에다 볍씨를 발아한 후에 논으로 옮겨 심어요. 논에 직접 볍씨를 뿌리면 발아가 되지 않을 수도 있어서, 발아 조건을 제대로 갖춘 비닐하우스의 모판에서 싹을 틔우는 거지요. 이렇게 모내기하는 방법을 이앙법이라고 하는데, 이 방법은 발아가 더 쉽고 쌀을 많이 수확할 수 있어 쌀농사에 많이 쓰여요.

한해살이 식물의 뜻은?

1 씨 뿌린 지 1년 만에 싹을 틔운 식물

2 씨 뿌린 지 1년 뒤에 꽃을 피운 식물

3 씨 뿌린 지 1년 안에 생육 단계를 마친 식물

4 1년 주기로 피었다 지는 식물

정답 ③ 한해살이 식물은 성장하고 번식하며 살다가 시드는 과정을 1년 안에 마치는 식물을 말해요.

식물의 한살이

한살이란 생물이 태어나서 성장하고 죽을 때까지의 과정을 나타내는 말이에요. 식물이 씨앗에서 싹이 트고 자라서 꽃이 피고, 열매를 맺고 시들어 죽는 과정을 식물의 한살이라고 해요.

한살이 기간은 식물마다 달라요. 한 해 동안 한살이를 마치는 식물을 한해살이 식물이라 하고, 옥수수, 벼 등이 해당돼요. 반면 여러 해 동안 한살이를 반복하는 식물을 여러해살이 식물이라 해요. 쑥, 감나무 등이 여기에 해당되지요.

한해살이 식물과 여러해살이 식물은 꽃을 피울 때도 차이가 나요. 한해살이 식물은 1년 동안 한살이를 해서 꽃을 1년 만에 피우고 번식하지만, 여러해살이 식물은 몇 년 동안 적당한 크기로 자란 후에 꽃을 피우고 번식한답니다.

지구에서 가장 추운 **남극**에서도 살 수 있는 생명체는?

1 선인장

남극? 나도 데려가~

2 이끼

나도 데려가~

3 개나리

나도 데려가~

4 장미꽃

나도 데려가~

정답 ❷ 남극은 땅이 대부분 얼음으로 덮여 있어 아주 추워요. 평균 기온이 영하 55도로 생명체가 살기 힘들지요. 하지만 이런 극한 환경에도 적응한 식물이 무려 800여 종이나 된다고 해요. 물론 이끼 같은 식물이 대부분이지만요.

식물이 사는 환경

지구에는 우리가 사는 따뜻한 지역 외에도 남극처럼 추운 지역도 있고, 사막처럼 더운 지역도 있어요. 하지만 식물은 어떤 환경에서든 아주 독특한 방법으로 주변 환경에 적응하며 살지요.

강이나 연못 등 물에 사는 수생 식물 중 부유 식물은 잎자루나 잎의 뒷면에 스펀지 형태의 공기주머니가 있어 잎이 물 표면에 뜰 수 있어요. 뜨거운 햇빛이 내리쬐는 사막에 사는 선인장은 수분이 증발하지 않도록 잎이 가시 모양으로 되어 있지요. 우리나라에서 흔히 볼 수 있는 소나무 역시 주변 환경에 따라 곧게 자라기도 하고, 줄기가 휘면서 자라기도 해요.

땅 대부분이 얼음으로 덮인 남극은 평균 기온이 영하 55도로 생명체가 살기 힘든 극한의 환경이에요. 하지만 남극에도 환경에 적응하며 사는 식물이 무려 800여 종이나 되고, 주로 이끼 같은 식물이 바위에 붙어서 살지요. 비록 우리 눈으로 볼 수는 없지만 식물도 생존을 위해 끊임없이 적응하며 살아가고 있답니다.

부유 식물 | 선인장 | 소나무

40 퀴즈

난이도 ★★☆

과학 기초 개념 잡기

식물의 기능을 본떠 만든 기술이 아닌 것은?

1 비가 와도 잘 젖지 않는 등산복

2 끈 없이 떼었다 붙였다 하는 벨크로 운동화

3 매끈한 전신 수영복

4 땅 위로 안전하게 내려 주는 낙하산

정답 ❸ 사람들은 동물이나 식물의 모습에서 아이디어를 얻어 새로운 물건을 만들어요. 수영복은 상어 피부에 있는 삼각형 모양의 작은 돌기를 본떠 만든 제품이에요.

생체 모방 기술

날 생 / 몸 체 / 본뜰 모 / 본뜰 방 / 재주 기 / 재주 술

생물의 구조와 기능을 흉내 내어 인간의 삶에 적용하는 기술

생체 모방 기술이란 자연에 존재하는 생물의 구조와 기능을 흉내 내어 인간의 삶에 적용하는 기술을 말해요.

동물과 식물은 자연에서 살아남기 위해서 끊임없이 자연환경에 맞춰서 진화했어요. 사람들은 그런 동식물의 구조나 기능을 흉내 내어 기술을 개발하고 생활에 활용하지요. 예를 들자면, 일명 찍찍이라고 부르는 벨크로는 사냥개의 털에 잔뜩 붙어 털어도 떨어지지 않고 손으로 일일이 떼어 내야 하는 도꼬마리 열매에서 아이디어를 얻어 개발했어요. 민들레 씨가 바람에 날아가는 모습에서 낙하산을, 거센 빗줄기가 쏟아져도 빗방울을 그대로 튕겨 내는 연잎에서는 방수 기능을 고안하여 물의 침투를 막는 방수복이나 방수 페인트를 개발했지요.

생체 모방 기술이라고 하면 이름이 거창해서 요즘 기술 같지만, 먼 옛날 조선 시대에도 있었어요. 임진왜란 때 이순신 장군이 사용한 거북선도 바다거북의 단단한 등 껍데기에서 아이디어를 얻은 생체 모방 기술이라고 할 수 있답니다.

41 퀴즈

급식으로 나온 반찬 중에 **채소**가 아닌 것은?

1 버섯

2 무

3 호박

4 가지

정답 ① 버섯은 겉으로 보기에는 식물 같지만, 식물도 동물도 아닌 균류에 속하는 생물이랍니다.

생물의 분류

현재 지구에는 적게는 1000만 종에서 많게는 3000만 종의 다양한 생물이 살고 있을 것으로 추측해요. 생물은 비슷하거나 서로 다른 특징에 따라 동물, 식물, 균류, 원생생물, 세균으로 구분한답니다.

생김새도 다르고 사는 환경도 다른 다양한 생물을 체계를 세워 분류하는 이유는 생물 다양성을 지키기 위해서예요. 생물과 생물 사이 관계를 쉽게 파악하고, 생물의 고유한 특징을 연구하여 다양한 생물을 보호할 뿐 아니라 체계적으로 생물을 관리하려는 거예요.

과학자들은 지구뿐만 아니라 우주에서도 생물을 찾기 위해서 끊임없이 연구하고 있어요. 하지만 지구처럼 특별한 환경이 아니라면 지구에 사는 동식물처럼 많은 진화가 필요한 생물을 발견하기란 대단히 어려워요. 그래서 현실을 고려해 단순한 세균 같은 생물을 찾으려고 노력하지요. 아마 우주에서 생물을 발견한다면 외계 원생생물이나 세균 정도가 될 거예요.

세균이 하는 일이 아닌 것은?

1 죽은 동물을 작게 분해한다.

2 김치를 익게 만든다.

3 질병을 일으킨다.

4 음식을 익힌다.

정답 ④ 세균은 음식을 상하게 하거나 질병을 일으키기도 하지만, 김치의 발효를 돕거나 죽은 동물을 잘게 분해하여 자연으로 돌려보내는 일도 한답니다.

세균
단순한 구조를 지닌 가장 작은 생물

세균은 동식물에 비해서 단순한 구조를 지닌 가장 작은 생물이에요. 우리 주변 어디에나 존재하며 우리에게 좋은 영향을 끼치기도 하고 나쁜 영향을 끼치기도 하지요. 음식을 상하게 하고 입안에 충치를 만드는 등 질병을 일으켜 사람에게 피해를 주기도 하지만, 김치나 요구르트 같은 발효 음식을 만드는 데 사용되어 사람에게 도움을 주기도 해요.

과학자들은 사람에게 해로운 세균을 연구하면서 질병을 극복할 수 있는 '항생제'라는 약을 만들었어요. 하지만 항생제를 자주 복용하게 되면 세균 중 일부가 항생제에 적응해서 강해져요. 강해진 세균은 살아남기 위해 항생제를 견디는 돌연변이를 일으키지요. 돌연변이는 주사나 약으로도 고칠 수 없어 아주 위험해요. 그래서 약은 필요한 양만 정확하게 사용해야 한답니다.

과학자들은 세균처럼 작은 물체를 관찰할 때 어떻게 할까?

1 안경을 쓰고 관찰한다.

2 눈을 더 크게 뜨고 관찰한다.

3 돋보기로 관찰한다.

4 현미경으로 관찰한다.

정답 ④ 세균처럼 눈에 잘 보이지 않는 작은 물체는 현미경으로 관찰하고, 달처럼 멀리 있는 물체를 관찰할 때는 망원경을 이용한답니다. 둘 다 사물을 크게 보여 주지만, 쓰임새는 달라요.

나타날 현 / 작을 미 / 거울 경

현미경

작은 물체를 확대하여 크게 보기 위해 사용하는 도구

연못에는 수생식물과 개구리, 물고기 정도만 사는 것 같아도 가까이 가서 자세히 들여다보면 점처럼 작은 생물이 살고 있는 것을 볼 수 있어요. 크기가 너무 작아 맨눈으로 보기 힘든 작은 생물을 관찰하려면 현미경이 필요해요. 현미경은 눈으로 알아볼 수 없는 아주 작은 물체나 미생물을 확대해서 관찰하는 실험 기구랍니다.

현미경은 주로 과학자나 의사가 사용해요. 세균과 같은 미세한 것을 자세히 관찰하고 연구해 질병을 치료하는 약을 만들기도 하고, 인간의 삶을 더 풍요롭게 하는 신기술을 개발하기도 하지요.

현미경을 가장 많이 사용하는 사람들이 과학자다 보니 당연히 과학자가 현미경을 발명했다고 생각할 수 있어요. 하지만 현미경을 처음 발명한 사람은 안경사예요. 1590년, 렌즈를 가공하던 안경사 얀센은 우연히 렌즈 2개를 겹쳐 놓은 상태에서 밑에 있는 글자가 확대되어 보이는 것을 발견하고, 현미경을 발명했답니다.

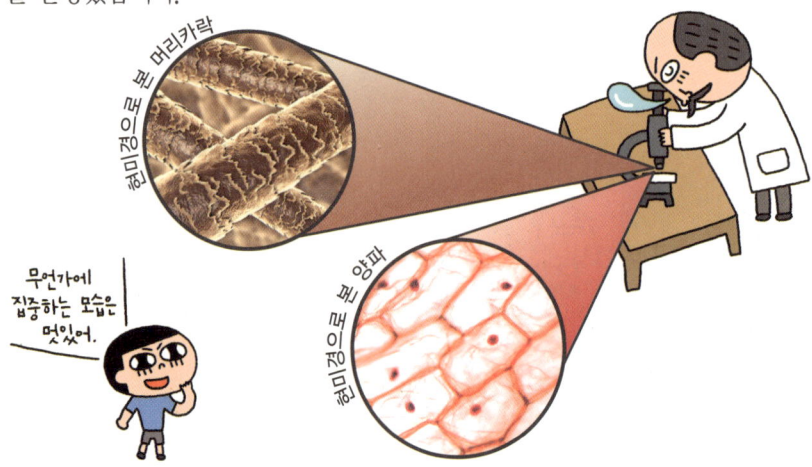

현미경으로 본 머리카락
현미경으로 본 양파
무언가에 집중하는 모습은 멋있어.

똥으로 만들 수 있는 것은?

1 약

2 유리병

3 전기

4 도자기

정답 ❸ '개똥도 약에 쓰려면 없다'는 속담처럼 똥은 동물의 배설물이어서 주로 쓸모없는 것에 비유해요. 하지만 과학자들이 소똥에서 나오는 바이오 가스로 전기를 생산하는 기술을 연구하고 있답니다.

날 생 / 목숨 명 / 과목 과 / 배울 학

생명 과학

생명 현상이나 살아 있는 생물을 연구하는 학문

생명 과학이란 생명에 관계되는 현상이나 살아 있는 생물을 연구하는 학문이에요. 의료나 환경 보존 등 인류가 더 건강하고 행복하게 살아가기 위해 다양한 분야에서 활용하는 종합 과학이에요. 우리 조상들이 농사지을 때 동물이나 사람 똥을 거름으로 사용한 것도 생명 과학의 일종이지요.

최근에는 과학 기술의 발전으로 생명에 관한 연구가 더욱 활발하게 이루어져서 첨단 생명 과학이라고 불려요. 곰팡이나 세균 등을 연구하여 인체에 무해한 농약을 사용하는 등 좀 더 안전하고 건강한 농산물을 생산하게 된 것도 모두 첨단 생명 과학 덕분이랍니다.

특히 똥이나 음식물 쓰레기에서 나오는 바이오 가스를 대체 에너지로 사용하기 위한 연구가 한창인데, 처리하는 것만으로도 골칫거리로 여기던 똥과 음식물 쓰레기를 재활용해서 환경 오염을 막는다고 하니 더욱 주목받고 있지요.

모기가 멸종되면
일어날 수 있는 일이 아닌 것은?

1 모기에 물리지 않아 행복할 것이다.

2 모기를 먹는 생물이 굶어 죽을 것이다.

3 모기약이 필요 없을 것이다.

4 해충이 없어져서 생태계가 평화로울 것이다.

정답 ❹ 사람에게 해를 입힌다고 무조건 유해한 건 아니에요. 모기가 없어진다면 생태계의 균형이 깨져서 많은 생물들이 죽을 수도 있답니다.

생태계 평형

← 날 생 ← 모습 태 ← 맬 계 ← 평평할 평 ← 저울대 형

생물의 종류와 수가 급격하게 변하지 않고 안정된 생태계를 유지하는 것

생태계는 생물이 살아가는 세계예요. 지구에는 생물과 햇빛, 공기 등 자연환경이 모두 조화를 이루며 살고 있어요.

생태계 평형이란 생물의 종류와 수가 급격하게 변하지 않고 안정된 생태계를 유지하는 것을 말해요. 우리가 싫어하는 모기도 쓸모없어 보이지만 생태계에서는 중요한 역할을 해요. 꽃의 수분을 도와서 식물이 번식하도록 도와주기도 하고, 개구리나 미꾸라지, 잠자리 같은 생물의 먹이가 되기도 하지요. 또 병균을 옮겨서 동물을 죽여, 동물의 수를 일정하게 유지하는 역할도 해요.

만약 모기가 멸종된다면 식물도 번식하기 어렵고, 동물도 먹이가 줄어들어 살기 힘들어요. 결국 생태계의 균형이 무너져 버릴 거예요. 그러니 생태계 구성원은 모두 생태계 평형을 위해 꼭 필요하답니다.

퀴즈 46
난이도 ★☆☆
과학 기초 개념 잡기

사람들이 **외래종**을 퇴치하려는 이유는?

1 토종 생물을 잡아먹어서

2 똥을 많이 싸서

3 울음소리가 유난히 커서

4 사람을 물어서

정답 ❶ 일부 사람들이 우리나라에 살지 않는 생물을 애완용이나 판매용으로 외국에서 들여와 키우다가 무분별하게 방생해 문제가 되고 있어요. 외래 생물은 번식력이 왕성해서 함부로 방생하면 우리 생태계의 균형을 깨뜨릴 수 있어요.

외래종

외국에서 자연적 또는 인위적으로 우리나라 생태계에 유입된 생물

외래종이란 다른 나라에서 자연적 또는 판매용, 애완용, 식용 등의 특정한 이유로 우리나라 생태계에 유입된 생물이에요.

외래종은 우리나라 생태계에 적응하지 못하고 대부분 죽지만, 의외로 잘 적응하여 생태계를 위협하는 위험한 존재가 되기도 해요. 외래종이 생태계를 위협하는 형태는 크게 두 가지예요.

첫째, 포식자나 경쟁자가 되어서 토착 생물을 밀어내는 경우가 있어요. 황소 개구리나 배스처럼 큰 덩치와 먹성으로 토착 생물을 잡아먹어요. 둘째, 우리나라에 없는 바이러스를 옮길 수 있어요. 미국 가재는 치명적인 물곰팡이를 퍼트려 면역력이 없는 우리나라 가재에 큰 해를 입혀요. 이런 이유로 우리나라 생태계를 파괴할 수 있는 외래종은 '생태계 교란종'으로 지정해서 퇴치하고 있지요.

그러나 우리나라 생태계를 파괴하고 토종 생물을 멸종하게 만드는 외래종 중에는 가시 상추, 아까시나무, 단풍잎돼지풀같이 항바이러스와 치주염 치료 등에 효능이 있는 생물도 있답니다.

47 퀴즈
난이도 ★★☆
과학 기초 개념 잡기

동물과 식물에 대한 설명으로 바른 것은?

1 가만히 있으면 식물, 움직이면 동물이다.

2 스스로 영양분을 만들면 식물, 못 만들면 동물이다.

3 물 없이도 살면 식물, 못 살면 동물이다.

4 번식하면 동물, 안 하면 식물이다.

정답 ❷ 동물과 식물의 가장 큰 차이점은 식물이 광합성을 해서 스스로 영양분을 만든다는 것이랍니다.

동물과 식물의 **차이점**

동물과 식물의 예를 들라면 쉽게 들 수 있지만 서로 다른 게 무엇이냐고 물으면 대답하기가 어려워요. 흔히 동물은 움직일 수 있고, 식물은 움직일 수 없다고 알고 있는데 그렇지 않아요. 식물도 동물만큼 빠르게는 아니지만, 제자리에서 천천히 움직이고 있기 때문이지요.

식물과 동물의 가장 큰 차이점은 식물은 광합성을 해서 스스로 양분을 만들 수 있지만, 동물은 스스로 양분을 만들지 못해 다른 생물을 먹어서 얻어야 한다는 것이에요.

동물은 생존하려면 식물이 필요해요. 식물이 있어야 초식 동물이 식물을 먹어서 양분을 얻을 수 있고, 초식 동물이 있어야 초식 동물을 잡아먹는 육식 동물이 살 수 있답니다.

식물은 왜 열매를 만들까?

1 스스로 영양분을 만들어 내려고

2 식물이 넘어지지 않게 균형을 잡아 주려고

3 먹고 남은 영양분을 잘 모아 두려고

4 씨앗을 보호하고 멀리 퍼트리려고

정답 ❹ 식물은 씨앗으로 자손을 퍼트려요. 열매는 이 중요한 씨앗을 과육으로 보호하지요. 또한 동물에게 먹힌 뒤 똥과 함께 밖으로 나와 멀리 퍼지기도 한답니다.

식물의 구조와 기능

식물은 보통 뿌리, 줄기, 잎, 꽃, 열매로 구성되어 있어요. 동물의 각 기관이 생존을 위해 맡은 역할이 있듯, 식물의 각 부분도 맡은 역할이 있답니다.

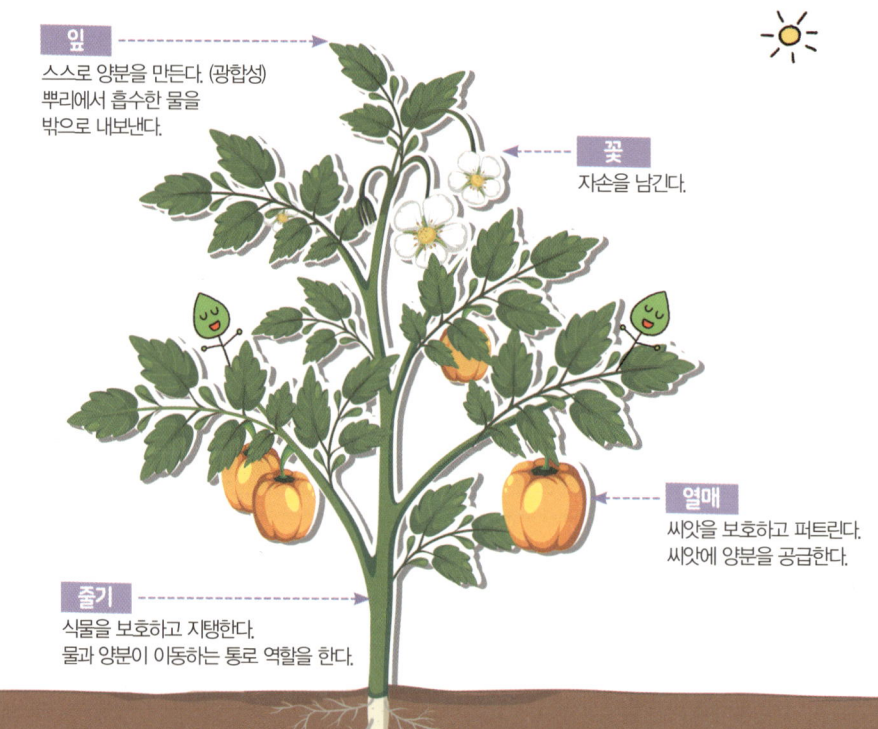

잎
스스로 양분을 만든다. (광합성)
뿌리에서 흡수한 물을 밖으로 내보낸다.

꽃
자손을 남긴다.

열매
씨앗을 보호하고 퍼트린다.
씨앗에 양분을 공급한다.

줄기
식물을 보호하고 지탱한다.
물과 양분이 이동하는 통로 역할을 한다.

뿌리
식물을 지탱한다.
땅속의 물과 양분을 흡수·저장한다.

49 퀴즈
과학 기초 개념 잡기
난이도 ★☆☆

사람은 입으로 물을 마시는데
식물은 어떻게 물을 마실까?

1 잎을 이용해 물을 떠서 마신다.

2 사람들이 안 볼 때 몰래 강에 가서 마신다.

3 땅속의 뿌리로 물을 마신다.

4 식물은 물을 스스로 만들어 마신다.

정답 ❸ 식물의 뿌리는 땅속에 녹아 있는 물과 영양분을 빨아들여요. 뿌리로 빨아들인 물과 영양분은 식물 전체로 옮겨 가 식물을 자라게 한답니다.

식물의 뿌리

식물은 땅 위로 보이는 줄기와 잎 외에도 보이지 않는 뿌리가 땅속에 있어요. 뿌리는 땅속에서 흡수, 지지, 저장 기능을 해요.

흡수 기능은 흙 속에 있는 물과 양분을 빨아들여 식물의 생장에 도움을 주는 기능이에요. 물과 양분이 부족하면 더 깊고 넓게 뿌리를 내려요. 미국과 멕시코에 서식하는 '메스키트'라는 식물은 땅속으로 무려 60m까지 뿌리를 내려서 물을 찾는다고 해요.

지지 기능은 식물이 단단히 서 있을 수 있도록 지탱하는 기능이에요. 식물이 비바람이 불어도 쉽게 쓰러지지 않고 버티는 것은 땅속의 뿌리가 단단하게 지지해 주기 때문이지요.

저장 기능은 양분을 뿌리에 저장하는 기능이에요. 우리가 먹는 고구마, 당근, 무 등이 바로 양분을 저장하고 있는 뿌리랍니다.

식물의 잎이 하는 일이 아닌 것은?

1 숨을 쉰다.

2 영양분을 만든다.

3 체온을 조절한다.

4 벌과 같은 곤충을 유혹한다.

정답 ❹ 식물의 잎은 광합성, 증산 작용, 호흡 등의 일을 한답니다.

식물의 잎

식물의 줄기에 붙어 있는 잎은 하는 일이 아주 많아요.
첫째는 광합성이에요. 식물이 필요한 영양분을 스스로 만드는 과정을 광합성이라고 하는데, 뿌리로 빨아들인 물, 태양의 빛, 공기 중의 이산화 탄소를 이용해, 식물의 잎(엽록체)에서는 영양분(포도당)과 산소를 만들어 내지요. 광합성으로 얻은 영양분은 식물이 잎을 더 많이 만들고, 꽃을 피우고 열매를 맺는 데 쓰여요.
둘째는 증산 작용이에요. 광합성을 하는 데 사용하고 남은 물은 잎 뒤편에 있는 기공(산소와 이산화 탄소가 드나드는 통로)을 통해 수증기 형태로 공기 중으로 빠져나가지요. 식물은 증산 작용을 통해 체온을 조절하기도 해요.
셋째는 호흡이에요. 동물처럼 식물도 호흡을 하는데, 공기와 닿는 면적이 많은 잎에서 호흡이 많이 일어난답니다.

식물의 광합성

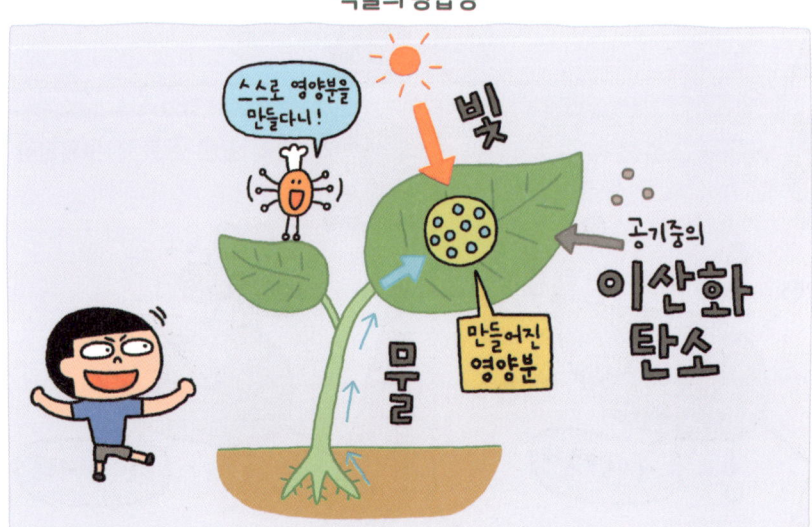

우리 몸의 **70%**가 **물**이라는데, 왜 물처럼 흐르지 않을까?

1 몸이 얼음처럼 딱딱하게 얼어 있기 때문에

2 뼈와 살이 몸을 지탱해 주기 때문에

3 우리 몸은 풍선처럼 얼마든 늘어나니까

4 몸이 젤리처럼 말랑말랑하게 붙어 있기 때문에

정답 ❷ 단단한 뼈와 근육이 우리 몸을 지탱해 주기 때문이에요. 뼈가 없어진다면 우리는 똑바로 서 있을 수조차 없을 거예요.

운동 기관

그릇 기 ─ 벼슬 관

몸을 움직일 수 있게 도와주는 기관

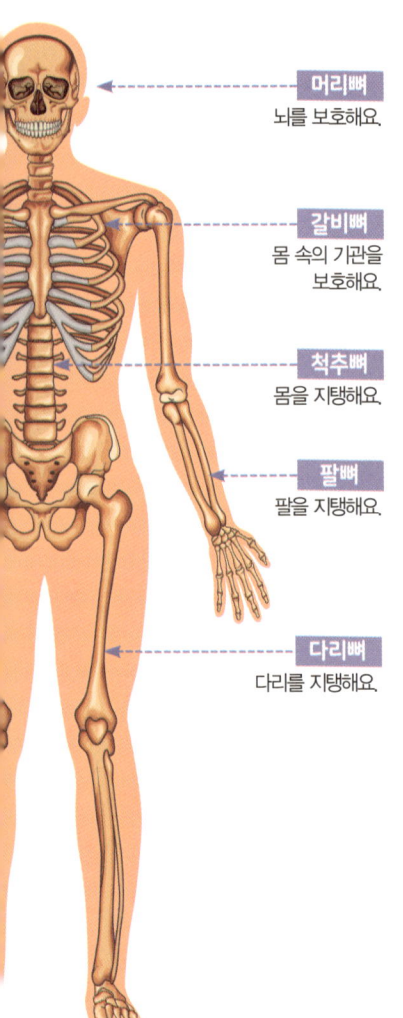

머리뼈 뇌를 보호해요.

갈비뼈 몸 속의 기관을 보호해요.

척추뼈 몸을 지탱해요.

팔뼈 팔을 지탱해요.

다리뼈 다리를 지탱해요.

사람이 몸을 움직일 수 있도록 도와주는 기관을 운동 기관이라고 해요. 운동 기관에는 뼈와 근육이 있어요.

뼈는 우리 몸을 지탱하고, 심장과 같은 주요 장기를 보호해요. 근육은 고무줄처럼 줄어들거나 늘어나면서 뼈를 움직일 수 있도록 돕지요.

사람이 성장하면 키도 크고 몸무게도 늘어나서 뼈와 근육도 늘어난다고 생각할 수 있지만, 그렇지 않아요. 근육량은 늘어도, 뼈의 개수는 오히려 줄어들지요. 갓 태어난 신생아의 뼈는 약 450개지만, 다 자란 성인의 뼈는 약 206개뿐이랍니다. 태어났을 때 450개에 달했던 작은 뼈가 성장하면서 서로 뭉치고 합쳐서 206개로 줄어드는 거예요.

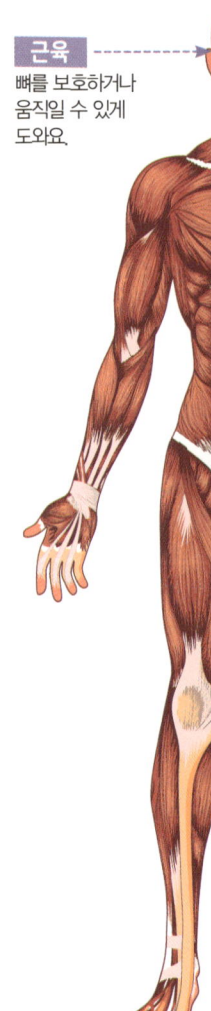

근육 뼈를 보호하거나 움직일 수 있게 도와요.

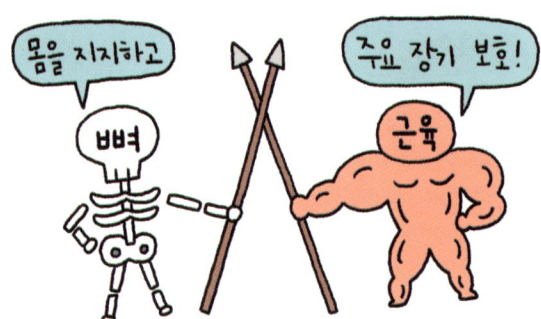

사람은 왜 물고기처럼 물속에서 숨 쉴 수 없을까?

1 물고기처럼 수영을 잘하지 못해서

2 물을 무서워해서

3 물에서 숨 쉴 수 있는 아가미가 없어서

4 물이 너무 차가워서

정답 ❸ 사람이나 동물은 가슴에 있는 호흡 기관인 폐로 호흡을 해요. 하지만 물고기는 아가미를 이용해 물에 녹아 있는 산소를 받아서 숨을 쉬지요.

호흡 기관

공기를 들이마시고 내쉴 수 있도록 도와주는 기관

공기를 들이마시고 내쉬는 과정을 호흡이라고 하는데, 이런 호흡을 할 수 있도록 도와주는 기관을 호흡 기관이라고 해요. 호흡 기관에는 코, 기관, 기관지, 폐가 있어요.

코로 들어온 공기는 기관과 기관지를 거쳐 공기의 도착지인 폐로 들어가요. 폐는 공기 중의 산소를 피로 전달하고, 피는 온몸으로 이동하면서 산소를 공급하지요. 이렇게 호흡 기관의 주요 역할은 몸에 필요한 공기(산소)를 들이마시고, 불필요한 공기(이산화 탄소)를 밖으로 내보내는 일이랍니다.

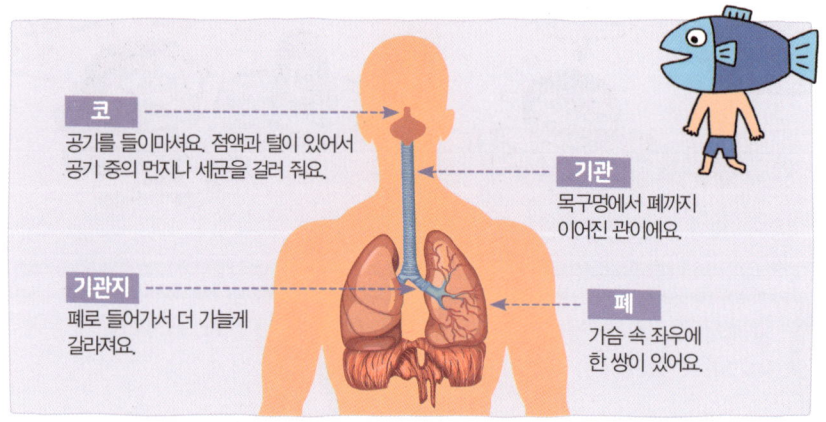

사람은 물 밖에서 편하게 숨을 쉬지만, 물속에서는 제대로 숨을 쉴 수 없어요. 반면 물고기는 물속에서 편하게 숨을 쉴 수 있지요. 그 이유는 사람과 물고기의 호흡 기관이 다르기 때문이에요. 사람과 같은 포유류는 물 밖에서 호흡할 수 있게 적응된 폐가 있지만, 물고기는 물속에서 호흡할 수 있도록 만들어진 아가미가 있어요. 물에 살지만 포유류인 고래는 아가미가 없어서 한 번씩 물 밖으로 나와 호흡해야 한답니다.

방귀는 왜 나올까?

1 음식을 먹을 때 공기도 함께 마셔서

2 냄새가 심한 음식을 먹어서

3 밥을 먹고 바로 누워서

4 몸에 물이 부족해서

정답 ❶ 방귀는 음식을 먹을 때 들어간 공기가 음식물과 함께 여러 소화 기관을 지나 가스와 섞여 배출되는 거랍니다.

소화 기관
사라질 소 / 될 화

몸이 음식물 속 영양소를 흡수할 수 있도록 잘게 분해하는 기관

음식물 속의 영양소가 우리 몸에 흡수될 수 있도록 잘게 분해하는 과정을 소화라고 하고, 이런 소화를 담당하는 기관을 소화 기관이라고 해요.

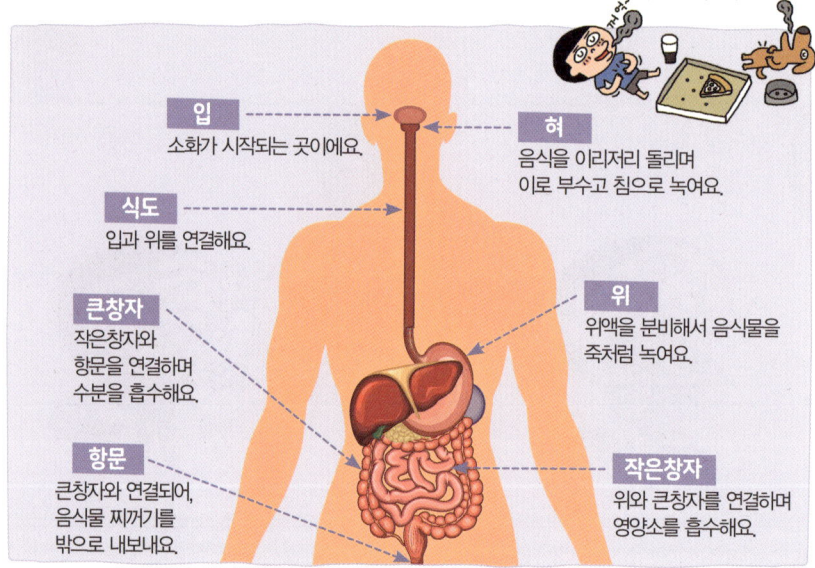

입 소화가 시작되는 곳이에요.
혀 음식을 이리저리 돌리며 이로 부수고 침으로 녹여요.
식도 입과 위를 연결해요.
위 위액을 분비해서 음식물을 죽처럼 녹여요.
큰창자 작은창자와 항문을 연결하며 수분을 흡수해요.
작은창자 위와 큰창자를 연결하며 영양소를 흡수해요.
항문 큰창자와 연결되어, 음식물 찌꺼기를 밖으로 내보내요.

소화 기관은 입, 식도, 위, 작은창자, 큰창자, 항문까지 길게 이어져 있어요. 음식물이 소화 기관을 거치면, 우리 몸에 필요한 영양소는 흡수되고 찌꺼기는 몸 밖으로 배출돼요. 방귀도 소화하면서 생긴 가스와 음식을 삼킬 때 들어간 공기가 섞여 항문으로 배출되는 거랍니다.

밥을 먹다가 갑자기 화장실에 간 적 있나요? 방금 먹은 음식이 바로 소화되어 그런 게 아니에요. 음식이 소화되려면 위, 작은창자, 큰창자에서 5~10시간 정도 머물러야 하기 때문에 지금 누는 똥은 15~30시간 전에 먹은 음식이 소화되어 나온 것이랍니다.

심장이 가장 빨리 뛰는 경우는?

1 편안한 음악을 들으며 책을 읽을 때

2 침대에 누워서 잠을 잘 때

3 친구와 달리기 경주를 할 때

4 가족과 함께 저녁 식사를 할 때

정답 ❸ 왼쪽 가슴에 있는 심장은 온몸에 피가 돌 수 있도록 펌프질을 해 주는 기관이에요. 심장이 쿵쾅쿵쾅 뛰어야 피가 몸속에 잘 돌고 에너지를 보낼 수 있어요.

순환 기관

혈액이 끊임없이 우리 몸을 돌 수 있도록 도와주는 기관

혈액(피)은 우리 몸에 필요한 산소와 영양소뿐 아니라 불필요한 노폐물을 운반하고, 나쁜 세균이나 바이러스가 들어오는 것도 막아 줘요. 또 우리 몸의 체온을 항상 일정하게 유지할 수 있도록 돕는답니다.

혈액은 혈관을 따라 우리 몸 곳곳으로 흘러요. 혈액이 쉬지 않고 우리 몸을 돌아다니는 것을 혈액의 순환이라고 하는데, 혈액이 잘 돌 수 있도록 펌프 역할을 하는 것이 심장이지요. 혈액이 끊임없이 우리 몸을 순환하도록 도와주는 심장, 혈관을 순환 기관이라고 해요.

쓰러진 사람을 보면 구조대가 올 때까지 심폐 소생술을 하는 이유는 심장을 대신하여 몸에 혈액을 계속 공급해야 하기 때문이에요. 심장이 멈춰서 혈액이 2~3분이라도 제대로 돌지 못하면 쓰러진 사람이 죽거나 크게 다칠 수 있답니다.

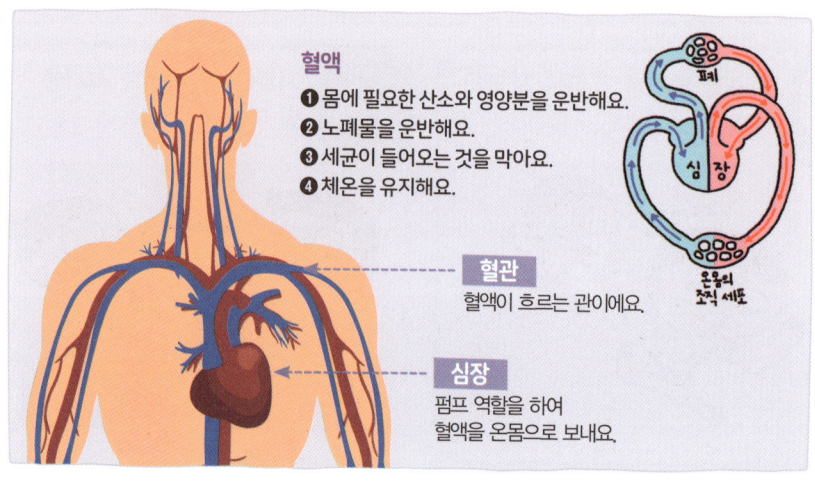

우리 몸의 **노폐물**이 아닌 것은?

1 침

2 땀

3 오줌

4 똥

정답 ① 음식을 먹으면 필요한 영양분은 흡수되지만, 필요 없는 것, 즉 노폐물은 몸 밖으로 배출돼요. 땀, 오줌, 똥이 여기에 속해요. 침은 음식의 소화를 돕는 액체랍니다.

배설 기관
샐 설
밀칠 배

몸에 생긴 노폐물을 몸 밖으로 내보낼 수 있도록 도와주는 기관

몸에서 생긴 노폐물을 몸 밖으로 내보내는 것을 배설이라고 해요. 배설을 도와주는 배설 기관에는 콩팥(신장), 오줌관(수뇨관), 방광, 요도가 있어요.

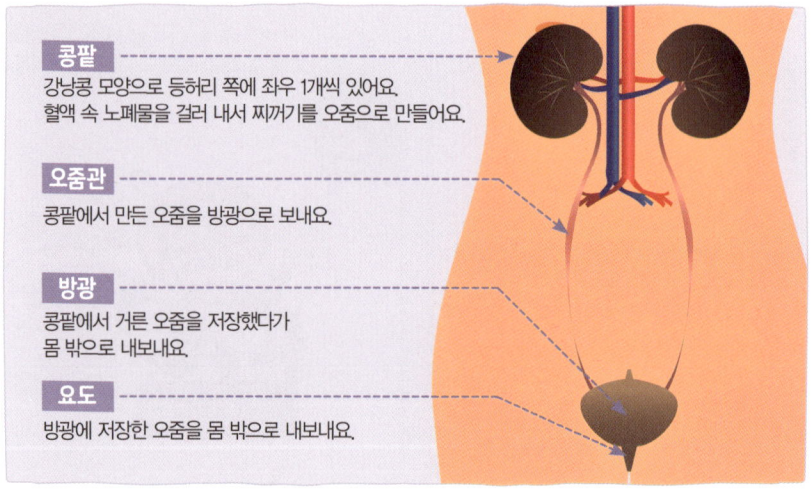

콩팥
강낭콩 모양으로 등허리 쪽에 좌우 1개씩 있어요.
혈액 속 노폐물을 걸러 내서 찌꺼기를 오줌으로 만들어요.

오줌관
콩팥에서 만든 오줌을 방광으로 보내요.

방광
콩팥에서 거른 오줌을 저장했다가
몸 밖으로 내보내요.

요도
방광에 저장한 오줌을 몸 밖으로 내보내요.

온몸을 돌아다니는 혈액에는 여러 가지 노폐물이 쌓여요. 노폐물은 혈액을 타고 콩팥으로 이동해, 오줌과 깨끗한 혈액으로 걸러져요. 오줌은 방광으로 내려가고, 깨끗해진 혈액은 다시 몸속으로 보내지요. 오줌은 오줌관을 통해서 방광에 모였다가 일정량이 차면 요도를 통해 몸 밖으로 배설된답니다.

3장 마무리 교과서 개념이 쏙 담긴 OX 퀴즈

얼마나 아는지 도전해 봐!

식물은 뿌리, 잎, 꽃, 열매로만 구성되어 있다. O X	식물은 주변 환경에 적응하여 살아간다. O X
거북선도 생체 모방 기술 중 하나이다. O X 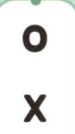	망원경은 작은 물체를 확대하여 크게 보는 데 쓰는 도구다. O X
외래종은 우리나라 생태계에 나쁜 영향을 줄 뿐이다. O X 	동물은 스스로 양분을 만들 수 없고, 식물은 스스로 양분을 만들 수 있다. O X 
O X 식물의 뿌리는 흡수, 지지, 저장 기능을 한다. 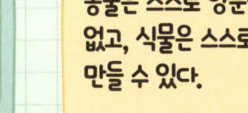	O X 식물의 잎은 광합성, 증산 작용, 호흡을 한다. 
사람이 몸을 움직일 수 있게 하는 운동 기관에는 뼈와 근육이 있다. O X	영양소가 몸에 흡수될 수 있도록 도와주는 기관은 순환 기관이다. O X
O X 폐는 순환 기관 중 하나다. 	O X 배설 기관 덕분에 몸에서 생긴 노폐물이 밖으로 빠져나간다. 

정답은 175쪽에.

4장
교과서 속
지구와 우주 이야기

광활한 우주에는 셀 수 없이 많은 별과 행성이 있어요.
그중 우리가 살고 있는 지구는 어떤 점이 특별하길래 수많은 생명체가 번성했을까요?
지구와 우주 속에 숨어 있는 이야기를 함께 알아보아요.

지층 | 퇴적암 | 화석 | 화산 | 지진 | 물의 순환 | 별 | 태양 | 태양계 | 행성
태양과 행성의 거리 | 습도 | 이슬과 안개 | 구름 | 기압 | 지면과 수면의 온도 변화 | 바람
지구의 자전 | 달 | 양력과 음력 | 지구의 공전 | 계절에 따른 별자리

바닷가 절벽에는 왜 줄무늬가 있을까?

1 오래전에 원시인이 그려서

나는 줄무늬가 좋더라.

2 비슷한 색의 자갈, 모래 등이 층층이 쌓여서

우리 자리~!

3 바닷물의 온도가 그때그때 달라서

이번엔 따뜻한 놈이군!

4 파도가 매번 다른 강도로 부딪쳐서

악! 이번엔 너무 세잖아!

철썩

정답 ❷ 바닷가 절벽에 가면 다양한 재료를 넣어 만든 샌드위치처럼 여러 색으로 나뉘어 있는 줄무늬를 볼 수 있는데, 이것은 오래전에 비슷한 색의 자갈, 모래 등이 층층이 쌓이면서 굳어져 생긴 거예요.

지층

자갈, 모래 등의 퇴적물이 층층이 쌓여서 굳어진 층

바다나 호수, 강 등에는 진흙, 모래, 자갈들이 흐르는 물을 따라 흘러들어와 차곡차곡 쌓여요. 이렇게 자갈, 모래 등의 퇴적물이 층층이 쌓이면서 단단하게 굳어진 층을 지층이라고 해요.

지층은 흘러들어온 퇴적물의 색깔과 알갱이의 크기에 따라 층의 색깔이 달라져요. 또한 지층이 땅에서 힘을 받지 않으면 수평면과 평행한 선이 보이지만, 땅에서 힘을 받으면 휘거나 끊기고 심하면 뒤집어지기도 해요.

과학자들이 지층을 연구하는 이유는 지층이 지구의 일기장 같기 때문이에요. 일기장을 보면 옛날에 있었던 일을 알 수 있는 것처럼 지층에 쌓인 퇴적물을 보면 퇴적 당시의 지구 환경을 알 수 있거든요. 지층 아래로 갈수록 먼저 쌓인 층이니까 더 옛날의 지구 환경을 알 수 있지요. 먼 옛날에 지구에 살다 멸종된 거대 파충류 공룡도 지층 속에 묻혀 있다가 발견된 거랍니다.

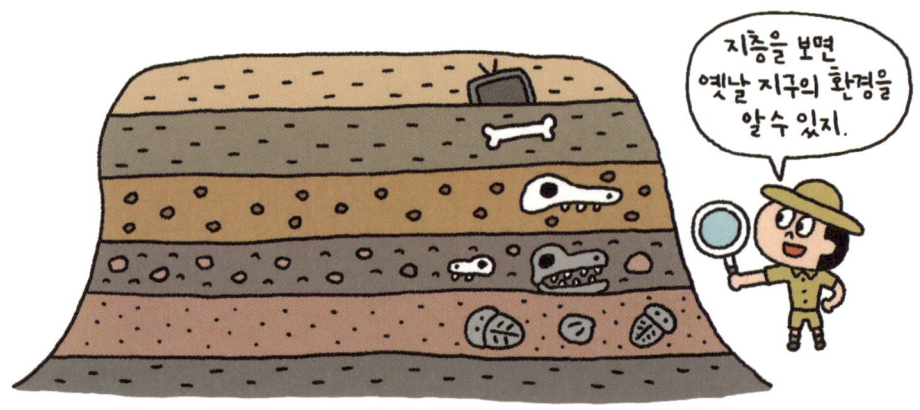

모래가 돌이 되기도 하는데, 어떻게 모래가 돌이 될까?

1 모래를 계속 비비면 된다.

2 물을 섞어서 뭉친 후에 말리면 된다.

3 위에서 무거운 걸로 눌러 주면 된다.

4 소금과 섞으면 된다.

정답 ③ 모래가 계속 쌓이면 위에서 누르는 무게 때문에 모래 알갱이 사이의 공간이 좁아지면서 단단하게 굳어 돌이 된답니다.

쌓을 퇴 → 퇴 ← 쌓을 적 / 바위 암

퇴적암

자갈, 모래, 진흙 등의 퇴적물이 쌓이면서 눌려 단단하게 굳어진 암석

자갈, 모래, 진흙 등의 퇴적물은 아래쪽에 있을수록 위쪽 퇴적물의 무게에 눌려 단단하게 굳어요. 이렇게 생겨난 암석을 퇴적암이라고 해요. 퇴적암이 생길 때 크기나 색이 다른 알갱이가 쌓여 굳으면 평행한 줄무늬가 나타나는데, 이를 층리라고 한답니다.

퇴적암은 어떤 퇴적물이 쌓이느냐에 따라 분류해요. 진흙이 쌓여 만들어지면 이암, 모래는 사암, 자갈과 모래가 섞이면 역암이 돼요. 조개껍질이나 산호, 물속 생물의 뼈 등이 쌓이면 석회암이 되지요.

퇴적물의 특징은 퇴적암에서도 나타나요. 이암은 부드러운 진흙으로 만들어져서 부드럽고, 사암은 모래처럼 까슬까슬해요. 역암은 모래와 자갈이 섞여 있어서 자갈과 모래의 느낌이 다 느껴지지요.

모든 돌이 퇴적물이 쌓여서 만들어진 것은 아니에요. 제주도에 많은 검고 구멍 뚫린 현무암은 용암이 식어서 굳은 암석이랍니다

이암	사암	역암

진흙 니(泥) + 바위 암(巖)	모래 사(沙) + 바위 암(巖)	조약돌 력(礫) + 바위 암(巖)

화석으로 알 수 없는 것은?

1 발가락 개수

2 똑똑한 정도

3 엉덩이의 크기

4 공룡 고기의 맛

정답 ❹ 화석에는 동식물의 흔적이 남아 있어요. 발가락 개수, 엉덩이의 크기는 당연히 알 수 있고, 두개골의 크기로 뇌의 크기를 예상하여 지능까지 추측할 수 있답니다.

화석

과거에 살았던 생물의 흔적이 퇴적물 속에 남아 있는 것

지구의 역사는 약 45억 년으로, 그동안 수많은 생명이 탄생하고 멸종했어요. 동시대를 살아가는 생물은 직접 관찰할 수 있지만, 사람의 역사보다 더 옛날에 살았던 생물의 존재를 알기는 매우 어려워요. 이럴 땐 지층에서 발견되는 뼈나 발자국 같은 화석으로 옛날 생물의 존재를 알 수 있지요.

화석이란 과거에 살았던 생물의 뼈와 같은 유해나 발자국 같은 흔적 따위가 퇴적물 속에 남아 있는 것이에요. 화석이 만들어질 당시의 상황을 알 수 있는 귀중한 자료지요. 생물의 살과 깃털처럼 부드러운 부분은 대부분 썩어서 없어지지만, 뼈처럼 단단한 부분은 퇴적물 속에 남아요. 뼈를 통해 발가락 개수나 몸 여러 부분의 크기, 모양을 가늠하고, 머리뼈 크기를 보고 똑똑한 정도를 판단한답니다.

화석이 꼭 뼈나 발자국 같은 것만 있는 것은 아니에요. 추운 극지방에서는 얼음이 녹으면서 간혹 얼음 속에 있던 코뿔소, 매머드 등의 동물 화석이 살과 털이 붙은 채로 발견되기도 하지요.

우리나라의 화산은?

1 설악산	2 한라산

3 남산	4 북한산

정답 ❷ 화산 폭발은 자연은 물론이고 인류에게도 피해가 큰 자연재해예요. 북한의 백두산과 제주도의 한라산이 바로 화산 활동으로 만들어진 화산이에요.

화산

불 화 / 메 산

지상으로 올라온 용암이 차가운 공기와 만나 식으면서 쌓여 생긴 지형

땅속 깊은 곳에는 암석이 열에 녹아 액체 상태로 된 마그마가 있어요. 땅속을 돌아다니던 마그마가 지각의 갈라진 틈을 뚫고 땅 위로 솟구쳐 올라, 차가운 공기와 만나 식으면서 생긴 지형을 화산이라고 해요. 화산이 폭발하면 용암과 함께 화산 가스, 화산재 등도 함께 나와요. 용암이란 마그마가 지표면으로 나오면서 기체 성분이 빠져나간 것을 말하지요.

제주도나 울릉도는 화산 활동으로 만들어진 섬이랍니다. 그래서 구멍이 숭숭 뚫린 현무암이 많아요. 제주도의 한라산은 약 1,000년 전에 터진 화산 활동이 마지막이어서 사화산(죽은 화산)으로 분류되지만, 그래도 엄연히 화산이지요. 한라산 정상에 있는 백록담은 화산의 분화구에 물이 고여 생긴 호수랍니다.

북한 백두산

제주도 한라산

화산 가스
화산이 분출할 때 분화구에서 나오는 기체 상태의 물질

화산재, 화산 암석 조각 등
화산이 폭발할 때 분화구에서 나오는 고체 상태의 물질

용암
마그마가 지표면을 뚫고 나오는 액체 상태의 물질

일본에 **지진**이 자주 발생하는 이유는?

1 일본 땅이 가벼운 편이라서

2 일본 땅이 지진 나기 좋은 위치여서

3 일본 바닷속에 거대한 공장이 있어서

4 땅 크기에 비해 사람 수가 많아서

정답 ❷ 우리가 밟고 있는 땅은 퍼즐 같은 암석 조각으로 되어 있어요. 암석 조각들의 경계에 있는 곳은 지진이 자주 일어나는데, 일본이 이런 위치에 있답니다.

지진

판이 움직이다가 서로 부딪쳐서 생긴 충격으로 땅이 갈라지고 흔들리는 현상

지구는 '판'이라고 불리는 커다란 암석들이 마치 퍼즐 조각처럼 지구 위에 펴져 있어요. 판 밑에는 지구의 압력과 온도로 녹은 마그마와 암석이 섞여 마치 젤리처럼 섞여 있지요. 판들은 물 위에 띄워 놓은 스티로폼처럼 마그마와 함께 아주 조금씩 움직이는데, 때때로 멀어지기도 하고 부딪치기도 해요.

지진은 판이 움직이다가 서로 부딪쳐서 생긴 충격으로 땅이 갈라지고 흔들리는 현상이랍니다. 특히 판의 경계에 있는 나라는 판이 부딪칠 때마다 크고 작은 지진이 발생하여 피해를 많이 입어요. 섬나라인 일본은 우리가 속한 유라시아판 이외에도 필리핀판, 태평양판, 북아메리카판과 같이 4개의 판이 만나는 곳에 있어서 지진이 자주 발생한답니다.

지진의 강도를 나타낼 때는 규모를 사용해요. 규모 1은 우리가 느끼지 못할 정도로 약하고, 5.5는 벽이 갈라지고 땅이 흔들리며, 8이 넘어가면 도로가 갈라지고 건물이 무너질 수 있어요. 우리나라도 지진이 지속해서 발생하기 때문에 학교에서도 매년 지진 대피 훈련을 한답니다.

퀴즈 61
과학기초개념잡기 (난이도 ★★★)

매년 엄청난 비가 쏟아지는데도 지구가 물에 잠기지 않는 이유는?

1 사람들이 다 마셔서

2 물이 지구 안을 계속 돌아서

3 기계로 물을 퍼내고 있어서

4 땅속으로 스며들어서

정답 ❷ 해마다 장마철이면 세차게 퍼붓는 비에 우리나라가 물에 잠기지는 않을까 걱정되지만, 그런 일은 일어나지 않아요. 물이 지구 안에서 비가 되어 내렸다 증발하고 다시 비가 되어 내리는 것을 반복하니까요.

물의 순환

물은 온도에 따라서 물, 수증기, 얼음으로 계속 상태가 변해요. 상태가 변한 물은 지구 안을 돌고 돌며 여행하지요.

물의 순환이란 물의 상태가 변하면서 땅과 강, 바다, 공기 중, 생명체 등 여러 곳을 끊임없이 돌고 도는 과정이에요. 하늘에서 내린 빗물은 땅속으로 스며들거나 강으로 흘러들어요. 땅으로 스며든 물은 식물의 뿌리로 흡수되었다가 잎에서 증발하여 수증기로 나오고, 강으로 스며든 물은 증발하여 수증기가 되지요. 수증기가 공기 중에서 모이면 다시 비가 되어 내려요. 비와 눈 같은 기상 현상은 이런 방식으로 물이 순환하는 과정 중 하나인 거지요. 물의 순환 덕분에 지구상에 있는 생물체들이 물을 계속 이용할 수 있답니다.

그럼 추운 북극은 물의 순환이 일어나지 않을까요? 아니에요. 북극뿐만 아니라 지구 곳곳에서 물의 순환은 일어나요. 북극에서도 얼음이 얼었다 녹기를 반복하며 물이 순환하고 있답니다.

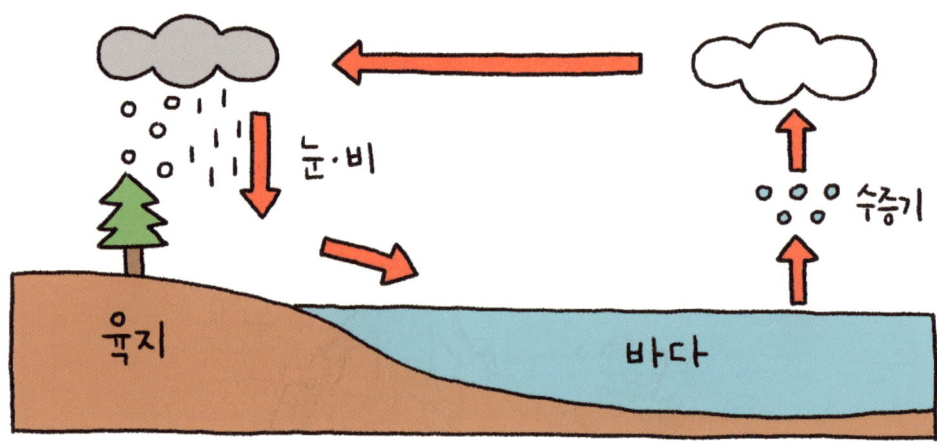

밤하늘에 **별**이 반짝반짝 빛나는 이유는?

1 태양의 빛을 반사하기 때문이다.

2 별이 스스로 빛을 내고 있기 때문이다.

3 별에 사는 외계인이 밤이 되어 불을 켰기 때문이다.

4 별에 반짝이는 큰 보석이 많이 있기 때문이다.

정답 ❷ 태양처럼 스스로 빛을 내는 천체를 별이라고 해요. 그래서 옛날에는 밤하늘에 떠 있는 별을 보고 방향을 찾기도 했어요. 항상 정확한 북쪽에 떠 있는 북극성은 '길잡이 별'이라고도 불린답니다.

별

스스로 빛을 내는 천체

별은 태양처럼 스스로 빛을 내는 천체예요. 태양계에 속한 별은 태양뿐이에요. 우리가 보는 밤하늘의 별은 사실 태양계 밖 먼 우주에 있지요. 태양 외에 지구와 가장 가까운 별은 '프록시마'로, 무려 40조km나 떨어져 있어요. 우리가 자동차를 타고 태양까지 가는 데 170년이 걸린다고 할 때, 프록시마까지는 약 4500년이 걸린다고 하니 정말 어마어마하게 먼 거리지요.

옛날부터 사람들은 밤하늘에 반짝이는 수많은 별에 관심이 많았어요. 그래서 가까이 있는 별끼리 연결해, 인물이나 동물, 사물과 관련지은 이름을 붙여 별자리를 만들었어요. 매년 일정하게 바뀌는 별자리로 계절을 알기도 하고, 별자리와 관련한 이야기를 만들어 교훈을 얻기도 하지요.

별처럼 스스로 빛을 내진 못하지만, 태양 주위를 도는 천체도 있어요. 바로 행성이에요. 태양계에는 수성, 금성, 지구, 화성, 목성, 토성, 천왕성, 해왕성의 8개 행성이 있어요. 행성은 태양 빛을 반사해서 빛나 보일 뿐이랍니다.

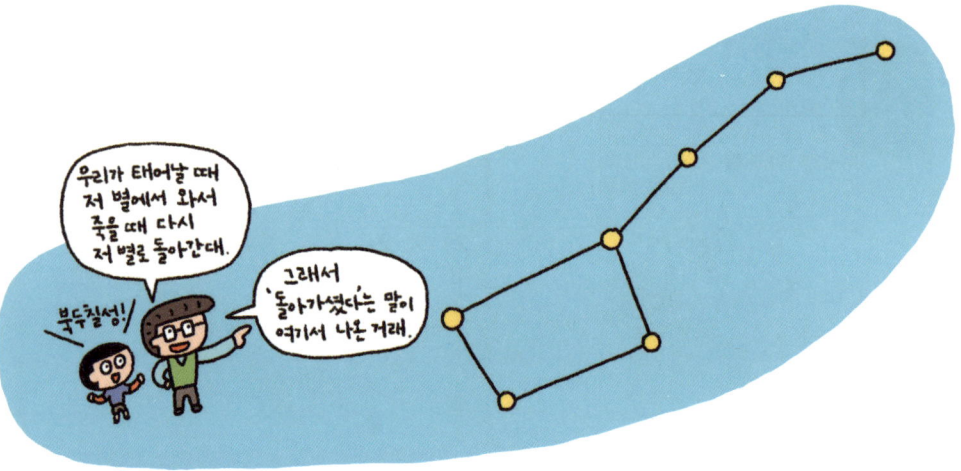

갑자기 태양이 사라진다면 어떤 문제가 생길까?

1 조금 어둡지만 달빛이 있어서 괜찮다.

2 전등이 있어서 문제없다.

3 학교에 가지 않아도 되니 오히려 좋다.

4 지구가 빛을 받지 못해서 추워진다.

정답 ❹ 태양이 사라진다면 지구는 태양이 내는 빛과 열을 받지 못해 몹시 추워지고, 바다는 얼어붙을 거예요.

태양

태양계에서 중심이 되는 별

태양은 스스로 빛을 내는 천체로, 태양계에서 중심이 되는 별이에요. 지구에 사는 모든 생물에게 없어서는 안 될, 아주 중요한 존재지요.

식물은 태양 빛을 받아 양분을 만들고, 동물은 식물을 먹거나 다른 동물을 먹고 살아가요. 태양 빛 덕분에 물은 육지, 바다, 공기 중을 끊임없이 돌고 돌아요. 그리고 우리는 무한한 태양 빛을 이용해 전기를 생산하지요. 이렇게 우리는 살아가는 데 필요한 에너지 대부분을 태양에서 얻고 있어요. 만약 태양이 사라진다면 지구는 낮이 없는 어두운 밤만 이어져, 식물과 동물은 제대로 살아갈 수 없을 거예요.

하지만 이토록 중요한 태양이라도 너무 가깝거나 너무 멀다면 어떻게 될까요? 태양에 가장 가까운 수성은 햇빛을 너무 많이 받아서 평균 온도가 약 180℃로 너무 뜨겁고, 태양에서 가장 멀리 떨어진 해왕성은 태양 에너지를 전혀 받지 못해 약 −210℃로 너무 춥지요. 우리가 사는 지구는 태양과 적절히 떨어져 있어 다양한 생명체가 살 수 있답니다.

태양 주위를 도는 행성이 아닌 것은?

1 지구

2 달

3 화성

4 토성

정답 ❷ 달은 지구 주위를 도는 지구의 위성이랍니다.

태양계
이을 계

태양과 태양의 영향을 받는 천체와 그 공간

태양계는 태양을 중심으로 태양 주위를 돌면서 태양의 영향을 받는 천체와 그 천체가 있는 공간을 아울러 이르는 말이에요. 태양계는 태양뿐만 아니라 지구를 포함한 8개의 행성, 위성, 소행성, 혜성 등으로 구성되어 있답니다.
태양의 주위를 돌고 있는 행성에는 수성, 금성, 지구, 화성, 목성, 토성, 천왕성, 해왕성이 있고, 행성마다 지구의 달과 같은 위성을 거느리고 있어요. 소행성은 화성과 목성 사이에 있는 행성보다 작은 천체이고, 혜성은 태양 주위를 타원 또는 포물선 궤도를 그리며 도는 천체예요.
우리가 사용하는 일주일의 이름은 행성의 앞 글자를 따서 만들었어요. 망원경이 발명되기 전에는 하늘의 천체를 눈으로만 관측했기에, 눈에 보이는 천체들로 요일에 이름을 붙였어요. 태양(일), 달(월), 화성(화), 수성(수), 목성(목), 금성(금), 토성(토) 이렇게 말이에요. 옛날 사람들은 7개의 천체가 지구를 중심으로 도는 줄 알았답니다.

65 퀴즈 난이도 ★★☆
과 학 기 초 개 념 잡 기

태양계에서 가장 큰 행성은?

정답 ❸ 태양계에서 가장 큰 행성은 목성으로, 지구보다 약 1,321배 크지요.

행성

수성, 금성, 지구, 화성, 목성, 토성, 천왕성, 해왕성

행성이란 태양 주위를 돌면서 스스로 빛을 내지 못하는 천체예요. 태양계에는 지구를 포함해서 총 8개의 행성이 있고, 각각 크기도 다르고 특징도 달라요. 우리가 살아가는 지구는 지름이 약 13,000km예요. 행성 중에서 가장 큰 목성은 지름이 약 143,000km이고, 가장 작은 수성은 약 4,900km예요. 지구가 탁구공 크기라고 가정했을 때, 목성은 축구공이나 배구공 정도의 크기라고 할 수 있지요.

대부분 행성이라고 하면 지구처럼 단단한 암석으로 이루어진 땅을 상상할 거예요. 하지만 행성 중에는 지구와는 달리 가스로 이루어진 기체 행성도 있어요. 8개의 행성 중 크기가 큰 목성, 토성, 천왕성, 해왕성이 가스로 된 행성이며, 가장 큰 목성의 이름을 따서 목성형 행성으로 불러요. 지구처럼 단단한 암석으로 이루어진 행성은 크기가 작은 지구, 금성, 화성, 수성이 있어요. 이런 행성을 지구형 행성이라고 부른답니다.

태양까지 차를 타고 간다면 얼마나 걸릴까?

1. 1년

2. 30년

3. 100년

4. 170년

정답 ❹ 지구에서 태양까지 자동차를 타고 시속 100km로 쉬지 않고 달리면 약 170년이 지나서 태양에 도착할 수 있어요. 2025년에 출발하면 2195년이 되어야 겨우 도착할 수 있답니다.

태양과 행성의 거리

교통수단이 발전해서 지금은 비행기를 이용하면 단 하루 만에 지구 한 바퀴를 돌 수 있어요. 하지만 지구를 벗어나 우주로 가면 이야기가 달라져요.
행성 중에서 그나마 태양과 가까운 지구도 약 1억 5천만km나 떨어져 있어요. 이 거리는 지구를 1,150바퀴는 돌아야 하는 거리예요. 다른 행성들은 태양과 더 멀리 떨어져 있어요. 태양에서 지구까지의 거리를 1로 놓았을 때, 가장 먼 해왕성은 지구보다 30배나 멀리 떨어져 있고, 가장 가까운 수성은 태양과 지구 중간 정도 거리에 있어요.
태양에서 행성까지의 거리가 멀어질수록 행성 간의 거리도 멀어요. 지구에서 가까운 화성까지 가는 데도 가장 빠른 로켓으로 7개월 정도가 걸렸어요. 화성 탐사는 1964년부터 시작되었는데, 2021년에 미국 NASA의 화성 탐사선 '퍼서비어런스'가 7개월 비행 끝에 화성에 착륙해 여러 임무를 수행했답니다.

67 퀴즈 난이도 ★★☆
과학 기초 개념잡기

겨울에 입술이 쉽게 트는 이유는?

1 침이 언 상태에서 깨져서

2 습기가 많아 부르터서

3 온도 차가 심해서

4 건조해서

정답 ❹ 입술은 다른 피부에 비해 조직이 얇아요. 겨울처럼 공기 중에 수분이 적고 차가운 날씨에는 입술 또한 쉽게 건조해져서 잘 튼답니다.

습도
공기 중에 들어 있는 수증기의 양

습도란 공기 중에 들어 있는 수증기의 양을 말해요. 비 오는 날에는 공기 중에 수증기가 많아서 습도가 높고, 건조한 날에는 공기 중에 수증기가 적어서 습도가 낮지요.

습도는 날씨, 기온, 계절에 따라 달라져요. 우리나라는 여름에 비나 태풍이 자주 오고 바다에서 내륙으로 습한 바람이 불기 때문에 습도가 높아요. 그래서 여름에는 땀이 제대로 증발되지 않아 더 덥고 불쾌감을 느껴요.

반대로 겨울에는 비도 적게 오고 추운 북쪽에서 건조한 바람이 불기 때문에 습도가 낮지요. 그래서 추운 겨울이 오면 다른 피부에 비해 조직이 얇은 입술이 쉽게 건조해져서 트는 현상이 자주 나타난답니다.

퀴즈 68

과학 기초 개념 잡기

난이도 ★★★

안개와 이슬이 주로 아침에 잘 보이는 이유는?

1 낮에는 증발하니까

2 낮에는 너무 밝으니까

3 밤에는 너무 어두워서 안 보이니까

4 밤에는 얼음이 되어 떨어지니까

정답 ❶ 안개와 이슬은 기온이 낮아지면서 공기 중의 수증기가 물방울로 맺히는 현상이에요. 그래서 해가 뜨고 기온이 올라가면 사라진답니다.

이슬과 안개

이슬 : 공기 중의 수증기가 기온이 낮아지면서 물방울로 맺히는 현상

안개 : 공기 중의 수증기가 땅 근처에 물방울로 모이는 현상

밤사이 기온이 낮아지면 공기 중의 수증기가 차가워진 나뭇가지나 풀잎 표면에 물방울로 맺히는데, 이것을 이슬이라고 해요. 비슷하지만 밤사이 기온이 낮아지고 땅이 차가워지면서 공기 중의 수증기가 땅에서 가까운 공기 중에 물방울로 모이는 현상은 안개라고 한답니다. 안개와 이슬은 아침에만 볼 수 있어요. 해가 뜨고 낮이 되면 지면의 온도가 올라가기 때문에 증발하여 사라지지요.

이슬이나 안개가 생기려면 공기 중에 수증기가 많아야 해요. 그래서 일교차가 큰 봄이나 가을에, 수증기가 많은 강이나 호수 주변에서 자주 볼 수 있어요. 그런데 먼지가 많은 도시에서는 습도가 80%만 되어도 안개가 쉽게 만들어져요. 바로 스모그예요. 스모그는 대기 오염 물질이 안개와 뒤섞여 생기는 것으로, 건강에 해롭답니다.

이슬

안개

69 퀴즈 난이도 ★★★
과학 기초 개념 잡기

흐린 날에는 구름이 왜 짙은 회색으로 보일까?

1 구름 속 물방울이 오염되어서

2 구름 속 물방울이 빛을 흡수해서

3 구름 속 물방울이 땅에 가까워져서

4 흐린 날은 우리의 눈 상태가 안 좋아서

정답 ❷ 흐린 날에 구름이 짙은 회색을 띠는 이유는 구름 속에 물방울이 많이 모이면서 빛을 더 많이 흡수하기 때문이에요.

구름

공기 중의 수증기가 하늘에서 낮은 온도로 응결하여 뭉쳐 떠 있는 것

공기는 땅에서 하늘로 올라가면서 부피가 커지고 온도가 점점 낮아져요. 공기 중에 있던 수증기가 낮은 온도로 응결하며 물방울이나 얼음 알갱이가 되어 뭉쳐서 하늘에 떠 있는 것을 구름이라고 해요.

구름이 만들어지기 시작할 때는 아직 물방울과 얼음 알갱이가 적어요. 그래서 빛을 골고루 반사하여 구름이 흰색으로 보이지요. 하지만 구름 속에 물방울과 얼음 알갱이가 많이 모이면 빛을 제대로 반사하지 못하고 흡수하기 때문에 구름이 회색으로 보인답니다. 구름이 생긴 후에 물방울이 점점 커지면서 무거워지면 비나 눈으로 땅에 내려와요. 물방울과 얼음 알갱이가 내려오다가 따뜻한 공기를 만나면 녹아서 비가 내리는 거고, 추워서 녹지 않으면 눈이 되는 거랍니다.

먹구름이 낀 날은 하얀 구름보다 물방울이 많이 들었기 때문에 비가 올 확률이 높아요. 그러니 먹구름이 보일 때는 우산을 챙겨서 외출해야겠지요?

빨대로 음료를 마시는 원리는?

1 빨대를 빨면 밖에서 누르는 힘이 생겨서다.

2 빨대 속이 미끄러워서 음료가 쉽게 올라가는 것이다.

3 음료 속의 기체 방울을 타고 위로 올라가는 것이다.

4 빨대로 바람을 불어서 음료가 밀려 올라가는 것이다.

정답 ❶ 빨대를 빨면 공기가 입안으로 들어오기 때문에 빨대 속은 공기의 양이 적어져요. 그러면 빨대 밖에서 누르는 힘이 생겨서 음료는 빨대를 따라 올라오게 된답니다.

기압
공기가 누르는 힘

공기가 누르는 힘을 기압이라고 해요. 공기는 우리 눈에 보이지도 않고 손으로 만질 수도 없어서 무게가 없다고 생각할 수 있지만, 공기도 무게가 있어요. 공기가 우리 몸을 누르는 힘만큼 우리 몸도 바깥쪽으로 밀고 있기 때문에 느끼지 못할 뿐이랍니다.

기압이 주위보다 높은 곳을 고기압이라고 해요. 일정한 부피에서 주위보다 공기의 양이 많으면 공기의 무게가 무거워져서, 주위보다 기압이 높지요. 반대로 기압이 주위보다 낮은 곳을 저기압이라고 해요. 공기의 양이 적으면 공기의 무게가 가벼워져서, 주위보다 기압이 낮지요.

공기의 양이 적은 저기압에서는 온도가 비교적 따뜻해서 공기가 올라가고, 공기의 양이 많은 고기압에서는 공기가 내려와요. 이렇게 기압 차로 공기가 움직이면서 바람이 만들어지고 날씨가 변하는 거예요.

여름밤 바닷가 모래밭이 바다보다 시원한 이유는?

1 시원한 바람이 모래밭 쪽으로 불어서

2 모래가 바닷물보다 빨리 식어서

3 바닷물 속에서 뜨거운 열기가 올라와서

4 더운 바람이 바다 쪽으로 불어서

정답 ❷ 고체인 모래는 액체인 바닷물보다 빨리 데워지고, 빨리 식어요. 온도가 내려가는 밤에는 모래의 온도가 더 빨리 낮아져요.

지면과 수면의 온도 변화

지: 땅, 면: 낯, 수: 물

하루 동안 해수욕장의 모래(지면)와 바닷물(수면)은 온도 변화가 다르게 나타나요. 모래는 고체이고 바닷물은 액체예요. 고체는 액체보다 알갱이끼리 서로 딱 붙어 있어서 열이 훨씬 더 잘 전달되어 쉽게 뜨거워지고 차가워져요. 해수욕장의 모래 역시 태양이 내리쬐어 온도가 높은 낮에는 바닷물보다 쉽게 뜨거워졌다가 온도가 낮아지는 밤에는 바닷물보다 쉽게 차가워져요. 그래서 바다는 하루 동안 온도 변화가 적지만, 모래밭은 온도 변화가 심하지요.

모래뿐인 사막 역시 낮과 밤의 온도 차이가 심해요. 낮에는 뜨거운 태양 아래 모래가 뜨겁지만 밤에는 급격히 추워지지요. 낮에는 50℃까지 올라가며 뜨겁고 건조한 날씨지만 반대로 밤에는 온도가 0℃ 내외로 내려가 무려 50℃나 차이가 난답니다.

도시보다 바닷가에 **바람**이 많이 부는 이유는?

1 도시보다 사람이 적어서

2 나무가 많아서

3 바다와 땅의 온도 차이가 나서

4 모래가 많아서

정답 ❸ 바람은 공기가 이동하는 현상으로, 땅만 있는 도시보다 땅과 바다가 있는 바닷가가 온도 차이가 심해서 바람이 많이 불어요.

바람

온도나 기압 등의 차이 때문에 공기가 이동하는 현상

바람은 두 지역의 온도나 기압의 차이로 공기가 이동하는 현상이에요. 공기가 주위보다 많은 곳을 고기압, 적은 곳을 저기압이라고 하는데, 바람은 고기압에서 저기압으로 이동해요. 고기압의 공기는 공기 알갱이가 많고 차가워서 무게가 무겁고, 저기압의 공기는 공기 알갱이가 적고 따뜻하여 무게가 가벼워요. 고기압의 공기와 저기압의 공기가 만나면 비교적 따뜻한 저기압의 공기는 하늘 위로 올라가고, 이때 생긴 빈자리를 채우기 위해서 고기압의 차가운 공기가 이동하지요. 이런 공기의 이동을 우리는 바람이 부는 것으로 느낄 수 있어요.

바닷가는 낮과 밤에 따라 지면과 수면의 온도가 달라서, 낮과 밤에 서로 다른 방향에서 바람이 불어요. 낮에는 바다의 찬 공기가 육지 쪽으로 이동해서 해풍이 불고, 밤에는 육지의 찬 공기가 바다 쪽으로 이동해서 육풍이 분답니다.

왜 매일 낮과 밤이 생길까?

1 달이 해를 밀어내서

2 지구가 스스로 돌아서

3 태양이 잠시 쉬느라

4 구름이 태양을 가려서

정답 ❷ 지구가 돌면서 우리나라가 태양을 바라보면 낮이 되고, 태양을 등지면 밤이 되어요.

지구의 자전

지구가 고정된 축을 중심으로 회전하는 것

팽이가 도는 것과 같이, 천체가 고정된 축을 중심으로 회전하는 것을 자전이라고 해요. 지구가 하루 동안 북극과 남극을 이은 가상의 자전축을 중심으로 시계 반대 방향(서쪽에서 동쪽)으로 한 바퀴씩 회전하는 것을 지구의 자전이라고 하지요. 지구가 자전하는 동안 해를 바라본 지역은 낮이 되고, 해를 등진 지역은 밤이 되는 거랍니다.

지구는 1시간에 무려 1,600km의 속도로 자전하고 있어요. 비행기보다도 빠른 속도예요. 그런데 왜 우리는 지구의 자전을 느끼지 못할까요? 우리가 자동차를 타고 갈 때 자동차의 속도를 느끼지 못하는 것처럼, 지구에 사는 사람들은 지구와 같은 방향, 같은 속력으로 움직이기 때문에 지구의 자전 속도를 못 느끼는 거랍니다.

달은 왜 모양이 계속 바뀔까?

1. 달에 사는 토끼가 절구로 찧었기 때문이다.

2. 뜨거운 햇볕에 녹았다가 다시 생기는 것이다.

3. 달이 살이 쪘다가 다이어트를 반복하는 것이다.

4. 달이 지구 주위를 돌기 때문이다.

정답 ❹ 달의 모양이 변한다고 해서 실제로 작아졌다가 커지기를 반복하는 것은 아니에요. 달은 지구를 돌면서 태양 빛을 받는 부분이 달라져서 모양이 변하는 것처럼 보이는 것뿐이랍니다.

달

지구 주위를 도는 유일한 위성

달은 지구 주위를 도는 천체이자, 지구의 유일한 위성이에요. 스스로 빛을 내지 못하고, 태양 빛을 받아 반사하기 때문에 우리 눈에 밝게 보이지요.

달은 지구 주위를 도는 데 한 달 정도 걸려요. 한 달을 주기로 달의 모양이 계속 변하지요. 음력 1일부터 점점 커져서 15일에는 보름달로 가장 커지고는 다시 점점 작아져요.

동그란 달이 반달이 되었다가 손톱 모양 등으로 계속 모양이 변하는 이유는 달이 지구를 중심으로 돌면서 태양 빛을 받는 부분이 달라지기 때문이에요. 실제로 달 모양이 커졌다가 작아졌다 반복하는 게 아니라 우리 눈에 달의 모양이 다르게 보이는 것뿐이랍니다. 더구나 달이 자전하는 데 걸리는 시간과 지구 주위를 공전하는 데 걸리는 시간이 같아서, 지구에서는 늘 달의 한쪽 면만 볼 수 있어요.

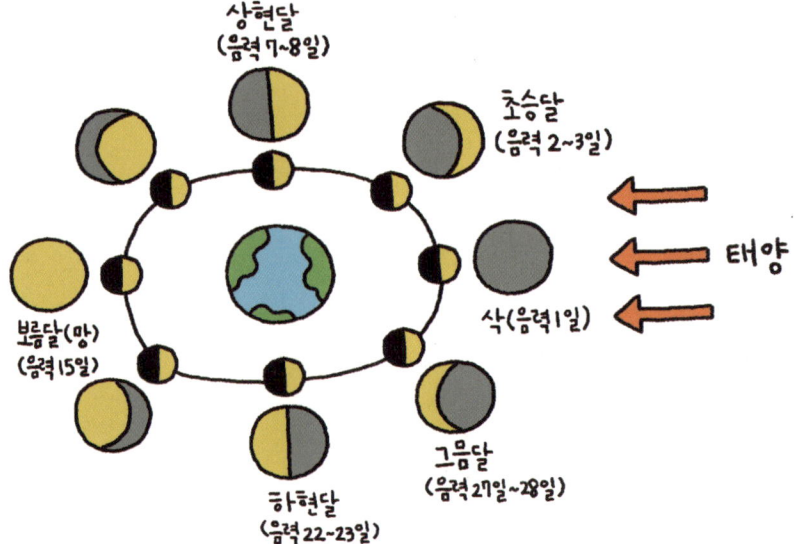

퀴즈 75
과학 기초 개념 잡기
난이도 ★☆☆

설날은 **한 해**를 시작하는 **첫날**인데, 왜 양력설과 음력설로 나눌까?

1 특별한 날이라 하루 더 기념하려고

2 빨간날을 2번 만들어서 더 쉬려고

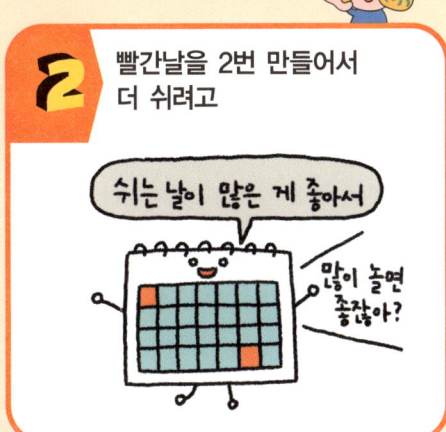

3 다른 기준으로 한 해의 첫날이라서

4 옛날에는 세배를 많이 받아야 좋다고 여겨서

정답 ❸ 날짜를 세는 기준에는 양력과 음력이 있어요. 설날은 음력 1월 1일이기 때문에 양력을 사용하는 달력의 1월 1일과는 날짜가 다르답니다.

양력과 음력

양력 : 태양을 기준으로 정한 시간

음력 : 달을 기준으로 정한 시간

사람들끼리 제대로 소통하기 위해서는 시간의 기준을 정해야 해요. 옛날에는 시간의 기준을 정할 때 하늘에 있는 태양과 달을 활용했어요.

양력은 지구가 태양을 한 바퀴 도는 데 걸리는 시간을 1년으로 정해 날짜를 세는 방법이고, 음력은 달이 지구를 한 바퀴 도는 데 걸리는 시간을 한 달로 정해 날짜를 세는 방법이에요. 그래서 양력은 1년이 365일이 되고, 음력은 354일이 되어 11일 정도 차이가 나지요. 양력은 현재 우리가 일상생활에서 사용하는 날짜예요. 달력에서 큰 글씨로 적힌 날짜이지요. 서양에서는 전통적으로 양력을 사용했고, 우리나라는 음력을 사용했어요.

하지만 서양의 문명이 전 세계에 영향을 끼치면서 보편적으로 양력을 사용하게 되었어요. 우리나라 명절인 설날, 추석, 단오 등은 모두 음력을 기준으로 계산했기 때문에 양력과 음력의 날짜 차이로 매년 명절의 날짜가 달라지는 거랍니다.

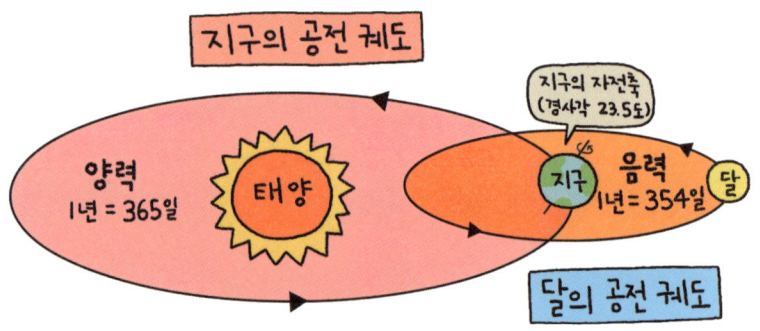

76 퀴즈 난이도 ★☆☆
과학기초개념잡기

왜 1년은 365일일까?

1 지구가 태양을 한 바퀴 돌 때 걸리는 시간이다.

2 365년에 달력이 발명되었기 때문이다.

3 지구에 있는 나라의 수에 맞춘 것이다.

4 밤하늘 별의 개수가 365개이다.

정답 ❶ 지구는 스스로 돌기도 하지만 태양 주위도 끊임없이 돌고 있어요. 지구가 스스로 한 바퀴를 돌면 하루가 되고, 태양 주위를 한 바퀴 돌면 1년이 돼요. 지구가 태양 주위를 한 바퀴 돌 때 365일이 걸리기 때문에 1년이 365일이 되는 거랍니다.

지구의 공전

지구가 태양 주위를 시계 반대 방향으로 도는 현상

공전이란 한 천체가 다른 천체의 주위를 일정한 시간과 간격으로 도는 것이에요. 지구가 1년 동안 시계 반대 방향(서쪽에서 동쪽)으로 태양 주위를 도는 것을 지구의 공전이라고 하지요. 우리는 지구가 태양 주위를 공전하는 주기를 1년으로, 지구가 자전하는 주기를 1일로 정했어요.

지구의 공전은 계절의 변화와 관련 있어요. 지구가 비스듬한 자전축을 중심으로 자전하며 태양의 주위를 공전할 때, 지구의 위치마다 태양의 고도가 달라져요. 즉 햇빛을 받는 시간과 양이 달라진다는 뜻이에요. 이 때문에 지구에는 계절의 변화가 생기지요. 만약 지구의 자전축이 기울어지지 않았다면 지구의 위치와 상관없이 햇빛을 받는 시간과 양이 항상 일정해서 지구가 공전하더라도 계절의 변화가 없었을 거예요.

지구의 공전으로 우리나라처럼 봄, 여름, 가을, 겨울 4계절이 있는 나라도 있지만, 모든 나라가 사계절이 있는 것은 아니에요. 극지방이나 적도 지방은 공전을 하더라도, 극지방은 햇빛이 적어 1년 내내 추운 날씨이고 적도 지방은 햇빛이 많아 1년 내내 더운 날씨를 유지한답니다.

봄에 태어난 진수의 생일 별자리를 볼 수 없는 계절은?

1 봄

2 여름

3 가을

4 겨울

정답 ❶ 지구가 태양 주위를 공전하기 때문에 지구에서 보이는 별자리가 달라져요. 봄에는 진수의 생일 별자리가 태양과 겹치는 시기라서 태양의 밝은 빛에 가려져 볼 수 없답니다.

계절에 따른 별자리

우주에는 태양과 같은 수많은 별이 있어요. 사람들은 수많은 별들을 몇 개씩 연결하여 신화 속에 나오는 인물이나 동물, 사물의 이름을 붙여 별자리를 만들었답니다.

별들은 이동하지 않기 때문에 별자리도 움직이지 않아요. 그런데도 계절마다 별자리가 달라지는 이유는 지구가 태양 주위를 공전하기 때문이에요. 지구가 태양 주위를 1년 동안 공전하면서 계절마다 지구의 위치가 달라져요. 지구의 위치가 달라지면서 태양과 별자리가 같은 방향이 되면 태양의 밝은 빛에 가려서 별자리를 볼 수 없지요.

그러면 내 생일 별자리는 생일에 볼 수 있을까요? 내 생일 별자리는 내가 태어난 달에 태양이 위치한 별자리를 나타내기 때문에 생일엔 보이지 않고, 오히려 반대편에 있는 별자리가 잘 보인답니다. 내 생일 별자리를 보려면 6개월이 지나 태양의 반대편에 놓일 때 가장 잘 볼 수 있지요.

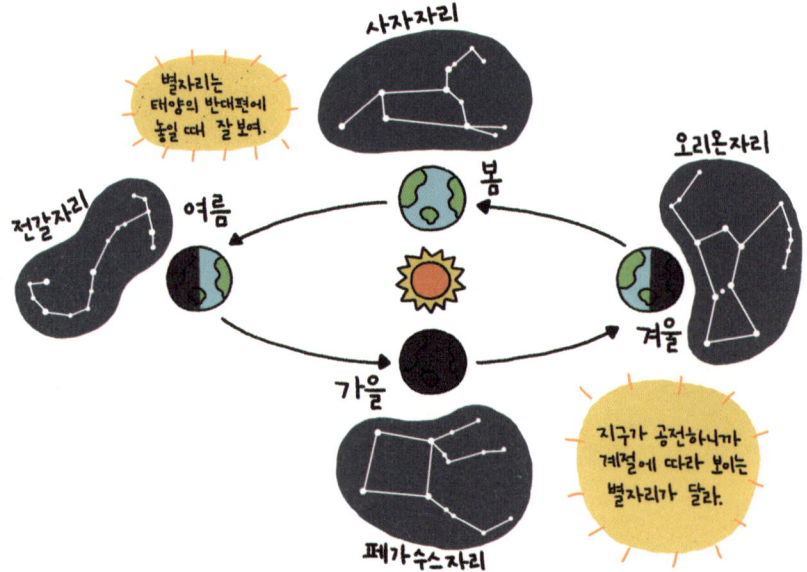

쌤이 뽑은 교과서 개념 퀴즈

4장 마무리

앞에서 배운 개념을 떠올려 봐.

1. 앞에서 배운 개념을 떠올리며 가로세로 빈칸을 채워 보세요.

가로 →

1. 지구가 고정된 축을 중심으로 회전하는 것. 지구의 ○○
3. 태양을 기준으로 정한 시간.
5. 과거 생물의 흔적이 퇴적물 속에 남아 있는 것.
7. 퇴적물이 층층이 쌓여서 굳어진 층.
9. 퇴적물이 쌓이면서 눌려 단단하게 굳어진 암석.

세로 ↓

2. 지구가 태양 주위를 시계 반대 방향으로 도는 것. 지구의 ○○
4. 달을 기준으로 정한 시간.
6. 용암이 찬 공기와 만나 굳으면서 쌓여 생긴 지형.
8. 지구의 판이 서로 부딪쳐서 땅이 흔들리는 현상.
10. 마그마가 지표면으로 나오면서 기체 성분이 빠져나간 것.

2. 초성 힌트를 보고 어떤 개념인지 맞혀 보세요.

❶ 공기 중에 들어 있는 수증기의 양 ㅅㄷ
❷ 공기 중의 수증기가 나뭇가지나 풀잎 표면 등에 물방울로 맺히는 현상 ㅇㅅ
❸ 공기 중의 수증기가 땅 근처에 물방울로 모이는 현상 ㅇㄱ
❹ 공기 중의 수증기가 하늘에서 낮은 온도로 응결하여 뭉쳐 떠 있는 것 ㄱㄹ
❺ 공기가 누르는 힘 ㄱㅇ
❻ 온도나 기압 등의 차이 때문에 공기가 이동하는 현상 ㅂㄹ

정답은 175쪽에.

마무리 활동 정답

51쪽

87쪽

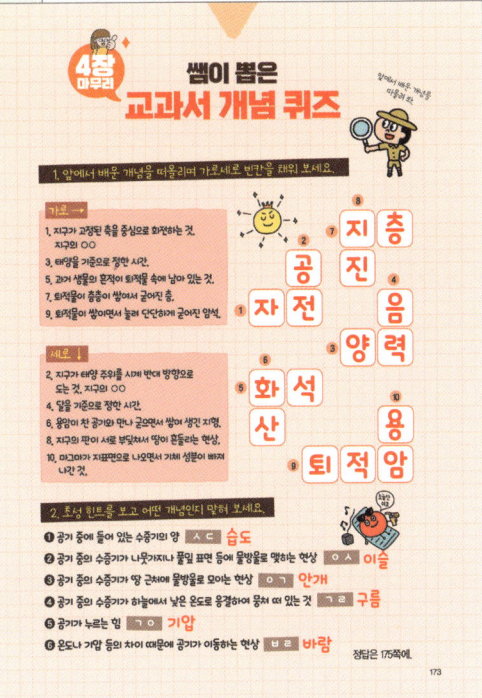

찾아보기

▶ 굵은 글씨는 본문에서 주제로 다루는 개념입니다.

ㄱ
- 감전 ………………………………… 40
- **거울** …………………………… 22, 24
- 고기압 …………………………… 158, 162
- 고체 ………………………………… 58
- **공기** ……………………… 74, 158, 162
- **공전** …………………………… 170
- 광합성 …………………………… 110, 116
- **구름** …………………………… 156
- 그림자 ……………………………… 20
- 근육 ……………………………… 118
- 기공 ……………………………… 116
- **기압** ……………………… 82, 158, 162
- 기체 …………………… 34, 58, 60, 62, 74, 76, 80, 82
- 끓음 ……………………………… 60

ㄴ
- 난반사 …………………………… 22
- **농도(용액의 진하기)** ……………… 70

ㄷ
- 달 ……………………………… 146, 166, 168
- 대기 오염 ………………………… 74
- **대류** …………………………… 34
- 도체 ……………………………… 42

ㅁ
- 마그마 …………………………… 136
- 목성 …………………………… 142, 146, 148
- **무게** …………… 14, 16, 18, 82, 158, 162
- 물 …………………………… 58, 140
- **물의 상태** …………………… 58, 140
- **물의 순환** …………………… 140

ㅂ
- **바람** …………………………… 162
- **발아** ……………………………… 90
- 발전소 ……………………………… 48
- 방광 ……………………………… 126
- **배설 기관** ……………………… 126
- **별** …………………………… 142
- **별자리** …………………… 142, 172
- 볼록 거울 ………………………… 24
- **부도체** ………………………… 42
- 빛 …………………… 20, 22, 26, 28
- 빛에너지 ………………………… 46, 48
- **빛의 굴절** ……………………… 28
- **빛의 반사** …………………… 22, 24
- **빛의 직진** ……………………… 20
- 뼈 ……………………………… 118

ㅅ

사암	132
산	**72**
산성	72
산성비	72
산소	74, 76, 78, 84, 90, 116, 120, 124
생명 과학	104
생물	98, 106, 108
생물 다양성	98
생체 모방 기술	**96**
생태계	106, 108
생태계 평형	**106**
섭씨	30
세균	98, **100**, 104
소행성	146
소화	**86**
소화 기관	**122**
속도	28, 38
속력	**38**
수성	142, 144, 146, 148, 150
수증기	58, 60, 62, 84, 140, 152, 154, 156
순환 기관	**124**
스모그	154
습도	152, 154
시각	**26**
식물의 한살이	**92**
신기루	28
신재생 에너지	**50**
심장	118, 124
심폐 소생술	124

ㅇ

안개	**62**, **154**
안데르스 셀시우스	30
압력	**82**
액체	34, 58, 60, 62
얀센	102
양력	**168**
얼음	58, 140, 156
에너지	**46**, 48, 50
에너지 전환	**48**
여러해살이 식물	92
역암	132
연소	**84**, 86
연소 생성물	84
열에너지	46, 48
열 전도율	32
염기	**72**
염기성	72
오목 거울	24
오줌관	126
온도	**30**, 32, 34, 58, 68, 80, 160
외래종	**108**
요도	126
용매	64, 66, 70
용암	136
용액의 진하기	**70**
용질	64, 66, 70

용해	64, 66, 68
용해도	66, 68
운동	36, 46, 48
운동 기관	118
운동 에너지	46, 48
위성	146, 166
육풍	162
음력	166, 168
응결	62, 156
이산화 탄소	74, 78, 84, 86, 116
이슬	154
이암	132
이앙법	90

ㅈ

자석	44
자전	164, 170
저기압	158, 162
저울	18
저항	42
전기	40, 42, 44, 46, 48
전기 에너지	46, 48
전도	32
전류	40, 42, 44
전자석	44
정반사	22
중력	14, 16
증발	60, 140
지구	142, 144, 146, 148, 150, 164, 166, 168, 170, 172
지구 온난화	78

지진	138
지층	130, 134
질량	16

ㅊ

초점	24
측정	18
층리	132

ㅋ

콩팥	126

ㅌ

탄성력	18
태양	144, 146, 148, 150, 166, 168, 170, 172
태양계	142, 144, **146**, 148
퇴적물	130, 132, 134
퇴적암	132

ㅍ

판	138
폐	120
프록시마	142

나 자체가 빛이 나잖아!

ㅎ	
한해살이 식물	92
해왕성	142, 144, 146, 148, 150
해풍	162
행성	142, 146, **148**, 150
현무암	132, 136
현미경	**102**
혈관	124
혈액	124, 126
혜성	146
호흡	76, 116, 120
호흡 기관	**120**
혼합물	**54**, 56
혼합물의 분리	**56**
화산	**136**
화산 가스	136
화산재	136
화석	**134**
화석 연료	48, 50, 78
화성	142, 146, 148, 150
화학 에너지	46, 48
화합물	**54**, 78

초등학교 선생님이 뽑은 교과서 개념 77가지를 퀴즈로 즐겨 보자!

작가 소개

글쓴이 **박상현**

경남 김해에서 초등학교 교사로 근무하고 있어요.
다양한 자연 현상과 과학 상식에 관심이 많답니다.
이 책이 여러분의 호기심을 해소하는 데 도움이 됐으면 좋겠고,
생활 속에서 더 많은 궁금증이 생겨났으면 좋겠어요.

그린이 **신동민**

공주대학교 만화예술대학, 서울산업대학교 산업디자인학교와
동대학원에서 공부했어요. 서울국제만화전 카툰 부문 대상(1992),
현대미술대전 일러스트 부문 특선(1995),
서울국제만화페스티벌 캐릭터 부문 대상(1996) 등을 수상했지요.
서울산업대, 청강산업대, 공주대 등에서 만화창작과 캐릭터를 강의했으며,
어린이를 위한 책에 삽화를 그리고 있어요.